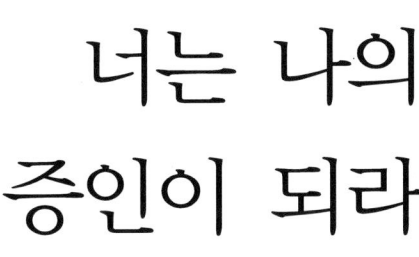

너는 나의 증인이 되라

김두경 목사

_____ 님께

_____ 드립니다.

책 머리에

"오직 너는 스스로 삼가며 네 마음을 힘써 지키라 그리하여 네가 눈으로 본 그 일을 잊어버리지 말라 네가 생존하는 날 동안에 그 일들이 네 마음에서 떠나지 않도록 조심하라 너는 그 일들을 네 아들들과 네 손자들에게 알게 하라"(신 4:9).

밤에 강단에서 철야기도를 하던 중에 주님께서, "어깨띠를 하고 교회에서부터 수원 전역을 골목마다 가게마다 전도지를 주면서 복음을 전하라. 수원을 다 돌기 전에 큰일이 일어날 것이다." 하고 말씀하신 뒤에, '성시화운동본부'에서 국민일보 반면에 광고를 냈는데 광고 문구는 이러했습니다.

'어깨띠를 하고 서울 전역에 골목마다 가게마다 전도합시다. 그리고 시장에 갈 때도 어깨띠 하고 전도합시다.'

그다음 주에도 똑같이 광고하고 기독교백주년기념관에서 어깨띠 전도운동본부를 설립하고, 청계천에서부터 남산까지 밤길 걷기운동을 해마다 전개하였습니다.

주님께서 어깨띠를 하고 세계만국의 잃어버린 백성을 찾아가라고 말씀하셨습니다. "수원을 다 돌면 서울로 가라. 서울을 다 돌면 세계로 갈 것이다."라고 말씀하셨습니다.

수원을 다 돌고 난 마지막 날, 꿈속에서 복음을 듣고 구원받은 성도의 열매가 주렁주렁 맺히는 것을 보았습니다.

그리고 주님께서 "내가 지금까지 네게 한 일을 책으로 써서 세상 사람들에게 알리라."고 하시기에, 62년 전의 일을 더듬어 찾아내어 기록하였습니다.

지금까지 내가 깨닫지 못했던 전능하신 '신'이신 하나님께서 '내 아버지'가 되셔서 어렵고 힘들 때마다 내가 할 수 없는 일들을 할 수 있도록 도와주시고, 사고를 당해서 죽어갈 때 살려주시고 하나님의 계시를 주셔서 세상에 전하라고 말씀하시기에 아무것도 할 수 없었지만 주님의 은혜로 하나님의 하신 일을 기록하였습니다.

주님께서 말씀하셨습니다.
"이 책을 읽는 자마다 감동 감화될 것이다."

인간의 한계를 초월한 이스라엘의 역사를 이 작은 자를 통하여 이 시대에 나타내 보이셨습니다. 그리고 이 나라, 이 민족의 역사의 증인이기도 합니다.

지하 골방에서
2011년 11월 20일 김두경 목사

contents / 차례

너는 나의 증인이 되라

책 머리에 ✿ ... 김두경 목사 ▶ 2

1. 출생 ▶ 11
2. 도둑의 누명을 쓰다 ▶ 13
3. 밀양까지 피난을 가다 ▶ 16
4. 홍해가 갈라지는 기적 ▶ 20
5. 지게의 십자가 ▶ 26
6. 늑대를 옮기신 하나님 ▶ 30
7. 아름다웠던 시절 ▶ 34
8. 전기용접기에 감전되다 ▶ 37
9. 선반기계가 멈추다 ▶ 41
10. 세 번의 죽음에서 살려주시다 ▶ 43
11. 서울이 좋다지만 ▶ 47
12. 누에고치에 대한 은혜 ▶ 50
13. 결혼 ▶ 52

14. 현숙한 여인이다 ▶ 55
15. 다시 막장으로 ▶ 59
16. 효도의 눈물 ▶ 64
17. 사우디아라비아에서 ▶ 67
18. 주님이 찾아오시다 ▶ 73
19. 가난한 내 조국 ▶ 76
20. 갈분기도원으로 ▶ 79
21. 찬송과 기도의 능력 ▶ 83
22. 자살은 죄이다 ▶ 85
23. 이 나라, 이 민족을 축복하신 하나님 ▶ 87
24. 43일 새벽기도 ▶ 92
25. 광차를 밀어주시다 ▶ 96
26. 천국의 종소리 ▶ 98
27. 내 짐을 져 주시다 ▶ 100
28. 수십만 군대를 이끌어갈 지혜를 주소서 ▶ 102
29. 원장님을 옮기신 하나님 ▶ 104
30. 주기도문 일천 번 ▶ 106
31. 장성병원에 입원 ▶ 108
32. 많이 심으면 많이 거둔다 ▶ 111
33. 동서를 구원하신 하나님 ▶ 113
34. 무당을 구원하신 하나님 ▶ 115
35. 친구가 너를 위해서 기도한단다 ▶ 117
36. 영광스러운 천국 ▶ 120
37. 아내에게 회개하라 ▶ 123
38. 재일동포 지문날인 ▶ 127

39. 인생의 달란트 ▶ ⋯⋯ 129
40. 내 빚 좀 갚아주세요 ▶ ⋯⋯ 133
41. 규폐를 치료하신 하나님 ▶ ⋯⋯ 137
42. 생활비 반을 드려라 ▶ ⋯⋯ 140
43. 술과 담배를 끊게 하신 하나님 ▶ ⋯⋯ 143
44. 소련 공산체제가 무너지다 ▶ ⋯⋯ 145
45. 일본에서 ▶ ⋯⋯ 149
46. 두 번째 일본에서 ▶ ⋯⋯ 152
47. 네 번째 일본에서 ▶ ⋯⋯ 156
48. 파이프를 들어주신 하나님 ▶ ⋯⋯ 161
49. 행한 대로 갚아주신 하나님 ▶ ⋯⋯ 163
50. 주의 종이 되라 ▶ ⋯⋯ 165
51. 좁고 빛난 길 ▶ ⋯⋯ 167
52. 3시간 기도훈련 ▶ ⋯⋯ 169
53. 신학교에 입학하다 ▶ ⋯⋯ 172
54. 열차 안에서 전도하다 ▶ ⋯⋯ 174
55. 총회신학에 입학하다 ▶ ⋯⋯ 178
56. 주님의 사랑 ▶ ⋯⋯ 183
57. 1억을 주겠으니 ▶ ⋯⋯ 187
58. 이제 저도 목회를 하겠습니다 ▶ ⋯⋯ 190
59. 감람산 기도원에서 ▶ ⋯⋯ 192
60. 생명수 ▶ ⋯⋯ 185
61. 잠수함이 발견되다 ▶ ⋯⋯ 198
62. 나는 싸우러 온 것이 아니다 ▶ ⋯⋯ 201
63. 목양교회를 개척하다 ▶ ⋯⋯ 206

64. 사촌누님의 교통사고 회복 ▶······ 210
65. 강대상에서 흘린 눈물 (1) ▶······ 212
66. 강대상에서 흘린 눈물 (2) ▶······ 216
67. 화단의 풀 ▶······ 219
68. 아내의 명성예물 ▶······ 222
69. 광야교회 ▶······ 224
70. 까치 다섯 마리 ▶······ 228
71. 산삼을 주시다 ▶······ 231
72. 강단을 지켜라 ▶······ 233
73. 명동에서 전도하다 ▶······ 236
74. 어깨띠 전도 ▶······ 239
75. 중국·일본 선교 ▶······ 244
76. 택시 요금을 후하게 ▶······ 248
77. 주의 종을 대접했을 때 ▶······ 251
78. 앞으로 재앙이 올 것이다 ▶······ 254
79. 성령님의 중보기도 ▶······ 258

너는 나의 증인이 되라

1. 출 생

나는 1949년 12월 24일, 섣달 스무나흗날, 구정을 엿새 앞두고 태어났습니다. 머슴 한 명이 기거하는 소외양간 작은 방에서 태어났는데 아버지, 어머니, 형, 큰누나, 작은누나, 모두 다섯 명이 잠을 자기에는 너무나 비좁았습니다.

벽에서 새어나오는 찬바람에 손발이 시렸습니다. 숨을 쉬면 하얀 김이 새어나왔습니다. 모두가 따뜻한 아랫목에 손과 발을 이불 속에 넣고 몸을 녹였습니다. 초저녁이지만 일찌감치 이불 속으로 파고들어가서 자리를 잡고 잠을 청하였습니다.

밖에는 매서운 바람소리가 윙윙 들려왔습니다. 외양간에 매여 있는 암소의 풍경소리가 고요히 흐르는 적막을 깨뜨리며 온 가족의 귀를 땡그랑 땡그랑… 울리고 있었습니다.

바람소리와 소의 풍경소리를 벗삼고 모두 잠이 들려는 순간, 문앞에서 찬바람을 맞으며 옆으로 겨우 누워 계시던 어머니께서 몸을 뒤척이는 소리가 들려왔습니다.

얼마 후 아기의 울음소리가 들려왔습니다. 모두가 깜짝 놀라 자리에서 일어났습니다. 아버지께서 호롱불을 켜들고 어머니 쪽으로 비추셨습니다. 희미한 호롱불 아래 아기의 머리가 문지방에 부딪쳐서 피가 쏟아져 온몸이 피투성이가 된 채 숨이 넘어갈 듯 울어대는 것이 보였습니다. 그 광경을 바라보는 가족 모두가 겁에 질렸습니다. 금방 태어난 아기가 피투성이가 되었으니 혹시나 잘못되지나 않을까 가슴이 철렁 내려앉았습니다.

아버지께서 잰걸음으로 낫을 가져오시며 쇠죽솥에 물을 끓이라고 다급하게 말씀하셨습니다. 형이 밖으로 나가서 쇠죽솥이 걸린 아궁이에 불을 붙였습니다. 아버지는 낫으로 태의 줄을 자르시고 묶으셨습니다. 그 순간에도 몸부림을 치면서 아기는 울어댔습니다. 아버지는 쇠죽솥에서 물을 데워서 아기를 목욕시킨 다음, 찢어진 머리에 된장을 바르고 광목천으로 감아주셨습니다.

좁은 방에서 엄청난 사건이 벌어졌지만 얼마 후 다시 평온이 찾아왔습니다. 아기는 작게 흐느끼면서도 작은 입으로 오물오물 어머니의 젖을 빨고 있었습니다. 태어나면서부터 울부짖던 아기는 지금도 하늘보좌를 바라보며, 조국을 생각하면서 울부짖는 구국의 사명자가 되었습니다. 이 모든 사건들을 큰누님께서 상세하게 가르쳐 주셨습니다.

◀
지금 마구간은
헐리고 본채만
남은 모습

예수님께서 가시면류관을 쓰시고 머리에서 붉은 피가 쏟아져내렸습니다. 머리에서 흘러내리는 붉은 피는 무엇을 의미하는 것일까요?

"그가 찔림은 우리의 허물 때문이요 그가 상함은 우리의 죄악 때문이라 그가 징계를 받음으로 우리는 평화를 누리고 그가 채찍에 맞음으로 우리는 나음을 받았도다"(사 53:5).

2. 도둑의 누명을 쓰다

아기의 찢어진 머리가 급속도로 치료되고 온 가족의 마음도 평안을 찾아가고 있을 때, 채 날이 밝지도 않았는데 여러 명의 부잣집 친척들이 몰려왔습니다. '출입금지'라는 경고로 새끼줄에다 고추·숯·솔잎·작은 돌들을 달아놓았는데도 막무가내로 쳐들어오더니 문을 활짝 열어젖혀놓고 신을 신은 채로 방 안으로 들어와서, 얼마 되지 않은 살림살이를 밖으로 집어던지며 방 구석구석을 수색하기 시작했습니다.

아무리 찾아봐도 자기들이 찾는 물건이 나오지 않으니까 아버지에게 쌀을 훔쳐다가 어디에다 숨겨두었는지 말하라고 고함을 치는 것이었습니다. 가난한 자의 마음은 연약하기에 아버지는 마치 죄인처럼 쌀을 훔쳐오지 않았다고 말씀하면서 덜덜 떨고 계셨습니다.

어머니는 갓난아기를 광목포대에 싸서 가슴에 안고 무서워서 눈물을 흘리시고, 형과 누나들은 좁은 방구석에 서서 두려움과 추위에 떨면서 울고 있었습니다.

쌀을 찾지 못하자 그들은 무서운 눈초리로 아버지를 쏘아보면서 문도 닫지 않고 가 버렸습니다. 가난과 배고픔과 추위에 떨면서 좁은 방에서 겨우 살아가고 있는 어린양과 같은 가족들에게 무서운 이리 떼가 몰려와서 온 가정을 초토화시켜 놓고 미안하다고 사과 한 마디 하지 않고 당당하게 사라져 갔습니다.

힘이 없는 아버지는 아픈 마음을 눈물로 달래시며 얼마 되지 않는 가구들을 제자리에 정리하고 계셨습니다. 가난했기에 도둑의 누명을 써야 했고 약했기에 아무 반항도 하지 못했습니다. 살림살이를 정리한 다음, 문을 닫고 온 가족이 아무 말 없이 마주 앉아서 한숨을 쉬면서 천장만 쳐다보고 하늘을 원망하였습니다. 그날은 여지없이 나물죽으로 끼니를 해결해야만 했습니다.

그 후 세월이 흘러가는 동안 그날의 일로 인해서, 쌀을 잃고 우리 가정을 의심하고 사람을 보냈던 집에는 재앙이 내렸습니다. 맏아들은 자식을 낳지 못했습니다. 둘째 아들은 다리가 썩는 병에 걸려서 절름발이로 살면서 술에 중독되어 얼마 살지 못하고 저세상으로 갔습니다. 또 다른 가정의 한 사람은 비행기 폭격에 맞아 죽었고, 부인은 점쟁이가 되고 아들은 곰보가 되었습니다. 가난하지만 전능하신 하나님 아버지께서 우리와 함께 계셨습니다.

"가난한 사람을 학대하는 자는 그를 지으신 이를 멸시하는 자요 궁핍한 사람을 불쌍히 여기는 자는 주를 공경하는 자니라"(잠 14:31).

3. 밀양까지 피난을 가다

시간이 흐르자 찢어진 머리의 상처도 다 아물었습니다. 도둑의 누명을 쓰고 추위와 무서움에 떨었던 것은 잊은 채 어느덧 4개월이 지나 무더운 여름이 시작되었습니다. 아기는 부모님과 형과 누나들의 사랑을 한껏 받으며 방긋방긋 잘도 웃었습니다.

어느 날 이른 아침, 아침햇볕이 따갑게 내리쬐고 있는데, 난데없이 저 멀리서 쿵쿵 하는 소리가 들려왔습니다. 그 소리는 점점 더 가까이 들려오더니 마침내 동네 이장의 다급한 목소리가 들렸습니다.

"북한 괴뢰군이 남침을 감행했소. 삼팔선을 넘어서 계속 쳐내려오고 있으니 피난 갈 준비를 하시오!"

그러나 가지고 갈 양식이라고는 보리쌀 몇 되뿐이었습니다. 아버지는 집에서 키우고 있던 소를 몰고 지게에다가 살림살이를 짊어지고 온 가족을 데리고 피난길에 나섰습니다. 동네 앞 낙동강 줄기가 있는데 때마침 장마철이라 강물이 불어서 강물이 목에까지 차오르는데 소의 꼬리를 잡고 겨우 건너갈 수가 있었습니다.

후퇴하는 군인들을 따라서 남으로 남으로 피난행렬에 끼여서 걸어가고 있는데, 북한군이 쏘는 대포소리가 점점 더 가까이 들려왔습니다. 그러자 대포소리에 놀란 소가 그만 도망을 가 버렸습니다. 허기진

배를 움켜쥐고 칭얼거리며 걸어가는 어린 누나들을 달래면서 어머니는 나를 등에 업으시고 지친 몸으로 발길을 재촉했습니다.

몇 개월 만에 경상남도 밀양까지 내려가서 강변에 있는 모래사장 위에 가마니로 움막을 짓고 여섯 식구가 생활하였습니다. 피난을 떠날 때 가지고 갔던 얼마 되지도 않은 좁쌀과 보리쌀이 바닥이 났습니다. 수많은 피난민들의 굶주린 아우성이 사방에서 들려왔습니다.

밀양 시내에 살고 있던 원주민들의 고통도 이만저만이 아니었습니다. 매일같이 수많은 피난민들이 바가지를 들고 구걸하러 몰려오니 감당할 수가 없었던 것입니다. 어른들이 가면 주지 않지만 어린아이들이 가면 불쌍해서 된장이나 간장이나 잡곡쌀은 조금 주곤 했습니다. 그것을 얻어다가 들판에 있는 쑥을 뜯어 잡곡과 간장·된장을 풀어서 건더기도 없고 개죽보다도 못한 국물이라도 배를 채워서 허기를 면하는 것뿐이었습니다.

부모님이나 어린 형과 누나도 배가 고파서 허덕여야 했습니다. 지금 아프리카에서 굶어 죽어가고 있는 모습과 비슷하였습니다. 굶주림으로 어머니의 젖이 나오지 않아서 6개월 된 나는 뼈만 앙상하게 남아서 큰 눈망울에 눈물이 마를 날이 없었습니다.

겨우 기어 다닐 때쯤 되니까 나는 움막을 기어나가서 흙으로 배를 채우기 위해서 흙을 많이 먹었다고 했습니다.

굶어 죽어갈 때 유엔군이 우리나라를 구원해주려고 세계 16개국에서 달려와 주었습니다. 맥아더 장군의 인천상륙작전이 성공해서 9·28 서울수복이 되어 모든 피난민이 그리던 고향으로 돌아오게 되었습니다. 집에는 돌아왔지만 먹을 양식이 하나도 없으니 나물죽으로 연명하며 가을에 곡식이 날 때까지 굶주려야만 했습니다. 젖을 마음껏 먹지 못한 나는 영양부족으로 머리부터 발끝까지 종기가 났습니다. 종기는 곪아터지며 저절로 나았지만 머리에서 발끝까지 난 흉터 자국은 보기에 흉했습니다. 3일을 넘기지 못하고 몸이 아팠습니다.

어머니는 밤을 새워 몸이 아파 울고 있는 자식을 위로하며 달래느라 잠을 이루지 못하셨습니다. 쓰디쓴 금개작을 숟가락으로 비벼서 물에 타서 죽어도 먹기 싫은 약을 억지로 입에 떠 넣으시며 꿀꺽 삼키라고 다그치셨습니다. 몸이 아무리 아파도 병원 문앞에 가보지 못했습니다. 내 기억으로는 병원에 간 적이 없었습니다.

태어나면서 누울 자리가 없어 머리가 찢어져서 피를 흘리더니 도둑의 누명을 쓰기도 하고, 전쟁으로 말미암아 천리나 되는 밀양까지 피난 갔다 와야 했고, 먹을 것이 없어 병들어 죽어가던 인생이 8년이란 짧은 세월 동안 기나긴 인생의 십자가의 길과 같은 가시밭길을 걸어와서 어느덧 초등학교에 입학하게 되었습니다. 지금의 5살 아이들보다 더 작은 키에 책보자기를 어깨에 메고 4km를 바람에 날려갈 것 같은 왜소한 아이가 혼자서 학교에 다녔습니다. 얼마나 작은지 책보따리가 내 몸 전체를 덮을 정도여서 사람들이 보고 솔방울이 굴러간다며 웃었습니다.

영하 20도나 되는 추운 날씨에 내복도 입지 못하고 한절마을 앞 들판길을 걸어가다 바람이 세차게 불 때면 앞으로 걸어가지 못하고 뒤로 밀려가기도 하였습니다. 그러나 목표를 향해 사투를 벌이다 보면 어느덧 집에 무사히 닿을 수 있었습니다.

"그는 주 앞에서 자라나기를 연한 순 같고 마른 땅에서 나온 뿌리 같아서 고운 모양도 없고 풍채도 없은즉 우리가 보기에 흠모할 만한 아름다운 것이 없도다 그는 멸시를 받아 사람들에게 버림받았으며 간고를 많이 겪었으며 질고를 아는 자라 마치 사람들이 그에게서 얼굴을 가리는 것같이 멸시를 당하였고 우리도 그를 귀히 여기지 아니하였도다"(사 53:2-3).

4. 홍해가 갈라지는 기적

모든 것은 그대로이지만 세월과 함께 학년이 올라가서 초등학교 2학년이 되었습니다.

하루는 교실에서 공부를 하고 있는데 하늘이 캄캄해지기 시작하더니 갑자기 억수같은 비가 내리기 시작했습니다. 공부하던 학생들이 창가로 몰려와서 앞이 보이지 않을 정도로 내리는 빗줄기를 바라보면서 즐거워하였습니다.

한 시간쯤 지났을까, 운동장에 물이 고이기 시작하더니 발목까지 차오르기 시작했습니다.

선생님께서 교무실에 다녀오시더니 집이 먼 학생들은 동네 친구들과 함께 모여서 일찍 집으로 돌아가라고 말씀하셨습니다. 책보자기를 싸서 어깨에 메고 동네 친구들과 함께 학교 교문을 나서니까 비가 그치고 햇볕이 쨍쨍 내리쬐는 것이었습니다.

학교에서 우리 집까지의 거리는 4km였습니다. 메말랐던 강이 순식간에 불어난 강물로 붉은 황톳물이 무섭게 흘러내려가고 산사태가 나서 나무들이 떠내려가고 있었습니다. 그 광경을 바라보면서 강둑을 걸어가다 보니 현기증이 나면서 물에 빨려 들어가는 것 같은 현상이 나타났습니다. 무시무시한 광경을 보면서 걸어가다 보니 어느덧 강과 이

별하는 지점에 오게 되었습니다.

그때 내 마음속에서 강물에 뛰어 들어가서 수영을 하고 싶어졌습니다. 집에 돌아가서 책 보따리를 방에 던져버리고 동네 아이들을 불러 모았습니다. 8살짜리 석진구, 송기호, 송운섭, 6살 내 동생, 석원창, 또 한 명의 이름이 생각나지 않지만 7명이 강을 향해 달려갔습니다.

제일 먼저 도착한 송기호가 옷을 벗어던지고 강물에 뛰어 들어가다가 뒤로 넘어지는 것이었습니다. 조금 후에 내 동생 정식이가 강물에 들어가다가 뒤로 넘어지는 것이었습니다.

이상한 예감이 들기에 옷을 다 벗고 난 다음, 강물에다 발을 조심스럽게 집어넣어 보았습니다. 그때 나도 넘어지려고 하기에 재빨리 발을 빼냈습니다. 그리고 넌 다음 조심스레 강물에디 다시 발을 집어넣어 보았습니다. 모래사장에 있는 발은 그대로 서 있는데 강물에 집어넣었던 발이 강물 위쪽으로 올라가는 것이었습니다. 그래서 몸이 뒤틀리니까 넘어지게 된 것이었습니다.

다시 한 번 발을 들여놓아 보았습니다. 역시 똑같은 현상이 일어나고 있었습니다. 재빨리 발을 뺀 다음 '어떻게 하면 넘어지지 않고 강물에 들어갈 수 있을까?' 생각하는 가운데 '모래사장에서 강물에 건너뛰면 양다리를 걸치지 않으니까 넘어지지 않겠구나.' 생각하고 건너뛰었더니 넘어지지 않기에, 아이들에게 그대로 하라고 명령을 내리니까 모두 무사히 강물에 뛰어 들어오는데 넘어지지 않았습니다.

허리까지 찬 진흙탕 물에 우리는 재미있게 물장구를 치면서 놀고 있었습니다. 무심코 밖을 바라보았더니 모래사장에 벗어놓은 우리들의 옷이 저 멀리 가 있는 것이었습니다.

'이상하다. 아무도 없는데 우리들의 옷이 왜 저 멀리 가 있을까? 밖

으로 나가서 시험해봐야겠다.'

나는 물에서 건너뛰어 모래사장으로 올라왔습니다.

"자, 옷이 있는 옆으로 금을 그어놓고 물에 들어가서 이번에는 옷이 어떻게 되나 보자."

모두 옷이 있는 옆으로 강물에 뛰어들었습니다. 이번에는 한 사람도 강물에 넘어지는 아이가 없었습니다. 우리는 물장구를 치면서 옷이 어떻게 되는가 계속 보고 있었습니다. 옷이 있는 쪽이 점점 멀어져 가고 있었습니다. 이번에는 30m쯤 되었습니다.

또다시 밖으로 나와서 금을 그어놓고 물속에 뛰어들어가서 계속해서 옷이 있는 곳을 주시하고 있었습니다. 우리의 몸이 강물 위쪽으로 서서히 올라가는데 마치 에스컬레이터가 움직이는 속도와 똑같았습니다. 우리의 옷이 있는 곳이 점점 멀어져 가는데 거의 70m 거리가 벌어졌습니다.

겁이 와락 났습니다. 물 밖으로 뛰어나와 옷을 입지도 못하고 걸음아 날 살려라 하고 사정없이 뛰기 시작했습니다. 200m쯤 달리다 보니 강대상 크기의 바위가 강물 위로 올라오고 있었습니다. 모두 바위에 올라타라고 명령을 하니까 모두가 다 바위에 올라탔습니다. 바위 위에 서 있는데 강대상만한 바위가 에스컬레이터가 올라가는 속도로 강물 위쪽으로 올라가는 것이었습니다.

"야, 신기하다! 이 바위도 강물 위로 올라가네?"

모두가 신이 났습니다. 우리를 태운 바위는 계속 위쪽으로 올라가는데 우리가 물장구치며 놀던 곳까지 거의 다 올라갔습니다.

겁이 나기 시작했습니다. 어른들이 들려주시던 옛날이야기 속의 도깨비가 재주를 부린다는 이야기가 생각났습니다.

'도깨비가 재주를 부리고 있구나. 아이고, 이러다가 우리 모두 도깨비에게 홀리겠구나.'

나는 친구들에게 소리쳤습니다.

"도망가자. 자, 빨리 뛰어내려!"

명령을 내린 다음 번개같이 달려서 집에 도착하고 나니 '아아, 나는 살았구나!' 하는 안도의 한숨이 나왔습니다. 그 후로 그때의 사건을 아무도 이야기하는 친구가 없었습니다.

어느덧 세월이 흘러서 뿔뿔이 흩어져서 제각기 삶의 터전을 찾아서 갔습니다. 거의 30년이 지난 후 황지교회에서 부흥성회가 열렸습니다. 몸이 아픈 곳이 많아서 주님께 예물을 드리면서 "주여, 나의 병든 몸을 고쳐주소서." 하고 제목을 썼습니다.

강사님께서 "두경이 너는 몸이 아픈 것이 아니야. 출애굽기 14장 15절, 16절 말씀을 하루에 한 번씩 읽어. 아니, 그 뒷장도 읽어." 하시는 강사님의 음성이 내 귀에는 예수님께서 호통 치시는 음성으로 들렸습니다. 즉시 성경을 펴고 출애굽기 14장 15-16절 말씀을 읽을 때 30년 전에 일어났던 사건이 활동사진처럼 훤하게 보이는 것이었습니다. 심지어 모래 위에 찍힌 발자국까지 선명하게 보였습니다.

'하나님께서 왜 그렇게 하셨을까? 왜 하루에 한 번씩 읽으라고 하실까?'

그런데 그때 모두가 나의 명령에 복종했습니다.

'홍해 바다를 가르시고 이스라엘 백성들을 애굽 군대에게서 구원하신 하나님께서, 나에게도 똑같은 광경을 보여주시고 매일 읽고 깨달으라고 하시는 것일까?'

부흥회가 끝난 후 제천에 있는 송운섭 친구를 만나서 "그때의 사건을 알고 있는가?" 하고 물었더니 첫 마디에 "알고 있네." 하기에 깜짝 놀랐습니다. 성경에 보면 하나님께서 하신 일을 세월이 가도 생각나게 하신다고 했습니다. 하나님께서 가장 작은 나에게 하나님의 백성을 이끌어 달라고 사명을 주신 것을 알게 되었습니다.

▲ 홍해가 갈라지는 것과 같은 기적이 일어났던 자리

◀
7명이 타고
강 상류 쪽으로
올라가던
바위와 같은 자리

정말 신기했습니다. 내가 지금까지 살아오는 동안에 지금 겪고 있는 홍해가 갈라지는 것 같은 기적이 수없이 일어났습니다. 저를 살려주시고, 다른 사람도 살려주시는 전능하신 하나님의 말씀이 실제로 임했던 사건을 증거할 수가 있습니다.

"여호와께서 모세에게 이르시되 너는 어찌하여 내게 부르짖느냐 이스라엘 자손에게 명령하여 앞으로 나아가게 하고 지팡이를 들고 손을 바다 위로 내밀어 그것이 갈라지게 하라 이스라엘 자손이 바다 가운데서 마른 땅으로 행하리라"(출 14:15-16).

"모세가 바다 위로 손을 내밀매 여호와께서 큰 동풍이 밤새도록 바닷물을 물러가게 하시니 물이 갈라져 바다가 마른 땅이 된지라"(출 14:21).

5. 지게의 십자가

학교에 다니는 것은 나에게 있어서 십자가를 지고 골고다 언덕을 오르는 것과 같은 고난과 고통의 세월이었습니다.

그런 힘든 세월 6년이 흘러 졸업을 하게 되었습니다. 졸업을 하고 나니 내게는 아무런 소망도 꿈도 없었습니다. 내 소원은 키가 크는 것이었습니다. 키가 크지 않으면 죽어 버려야겠다는 생각뿐이었습니다. 내 눈에는 가난하기에 무거운 짐을 지시는 아버지가 너무 불쌍하게 보였습니다.

'내가 아버지의 짐을 좀 덜어드려야겠다.'

나는 아버지를 졸라서 아버지께서 지시는 지게 목발을 잘라내고 내 키에 맞추었습니다. 그러나 1미터밖에 안되는 내 키에 지겟다리가 땅에 끌렸습니다. 지게를 등에 지고 들판으로 풀을 베러 가다 보니 사람들이 모두 다 우스워 죽겠다며 놀려대는 것이었습니다.

"허허, 사람은 보이지 않고 지게만 걸어가네?"

그렇게 시작한 지게의 십자가를 등에 지고 고통스러워서 울기도 많이 했습니다. 그러나 꼭 해야만 되는 줄 알았습니다. 오전에 한 짐, 오후에 한 짐씩 소에게 먹일 풀을 베거나 땔감을 했습니다. 오늘은 이 산, 내일은 저 산, 주인의 감시를 피해 도망다니며 숨어서 재빨리 한 짐을 해서 지고 산골짜기에서 재빨리 올라와서 다른 산으로 옮겨놓으면 그때서야 땀을 닦으며 안도의 한숨을 내쉬게 됩니다.

여름이면 30도가 넘는 무더위 속에 낫으로 풀을 베노라면 땀이 비 오듯 쏟아져서 쉬지 못하고, 주인이 오기 전에 한 짐을 해서 들키지 않고 무사히 빠져나가는 것만 생각하면서 최선을 다했습니다. 매일 반복되는 나무 도둑질하는 것이 일상생활이 되었습니다. 놀라운 것은 13살 때부터 19살 때까지 나무를 도둑질하였지만 주인에게 들켜서 나무를 빼앗긴 것은 두 번뿐이었습니다.

언제나 내 등에는 무거운 지게 짐이 지워져 있었고 한 번도 빈 지게를 지고 집에 돌아와 본 적이 없었습니다. 낫으로 풀을 베느라 손가락 마디마디가 뼈가 뭉쳐서 뭉툭 굵어진 바람에 약혼식 내 약혼반지가 손가락에 들어가지 않았습니다. 내 엉덩이뼈는 지게에 눌려서 뼈가 뭉쳐 있었습니다. 그렇지 않아도 작은 키가 지게에 눌리고 체력이 달려서 키가 자라지 못했습니다. 17살 때까지 130cm 정도밖에 자라지 못했습니다.

또 양쪽 귀에서는 고름이 흘러내렸습니다. 병원에 갈 엄두를 내지 못해서 손가락으로 흘러내리는 고름을 닦아냈더니 귓속이 터널처럼 크게 뚫려 있었습니다. 원기가 부족할 때는 잘 들리지도 않았습니다. 또 원기가 부족한 탓인지 밤마다 이불에 지도를 그려놓았습니다. 먹는 것이라고는 김치뿐이었습니다. 체력이 고갈상태로 어린 시절을 성장했습니다. 항상 머리가 아팠고 피곤하였습니다. 꿈과 소망은 오로지 주인에게 들키지 않고 하루에 나무 두 짐을 해오는 것이었습니다.

예천 장에서 소를 사서 영주 장에 내다팔아서 수입을 얻는 소장수들이 우리 집이 넓으니까 와서 소와 함께 잠을 자고 이튿날 영주 장으로 가곤 했습니다. 그들이 오면 저녁과 아침을 먹여주어야 하는데 소 한 마리가 한 짐의 풀어 먹어치웁니다. 일주일 동안 하루에 한 짐씩 땔감과 풀을 저장해 둔 것을 하루에 먹어치우는 것이었습니다. 사람 밥값 200원, 소먹이 200원을 벌기 위해, 때로는 10마리 이상이 왔을 때는 산과 들을 정신없이 쫓아다니며 풀을 찾아 헤매야 했습니다. 때로 풀을 찾아 지게를 지고 4km나 되는 먼 동네까지 원정 가서 풀을 한 짐 지고 오노라면 뼈가 아픈 괴로움이 나를 짓눌렀습니다. 집에 돌아오면 기진맥진해 드러누워야 했습니다.

영주 장날이 되어 사람과 소들이 다 떠나고 나면 쇠똥을 치우고 청소를 하고 나면 몇천원의 돈이 집안에 들어오니 흐뭇하고 기뻤습니다. 그런 돈으로 맛있는 과자 하나 사달라고 바라지 않았고, 그날 오후부터 또다시 다음 장날을 위해 땔감과 풀을 준비해야만 했습니다.

하루는 영주 장에서 가격이 맞지 않아서 팔리지 않은 소를 몰고 와서 하룻밤 잠을 자고 이튿날 감천장에 10시까지 소를 몰아다 주어야 했습니다. 700kg 이상 되는 뿔로 떠받는 사나운 소를 새끼줄로 엮어서 고개를 숙여 사람을 떠받지 못하도록 한 다음, 그 큰 소를 키가 130cm 밖에 되지 않는 어린아이 같은 내가 두 마리를 앞뒤에 세워서 12km나 되는 감천장으로 차가 씽씽 달리는 도로가로 차를 피해 몰고 갔습니다. 지나가는 사람마다 신기하다고 말합니다.

"저렇게 큰 사나운 소를 두 마리나 몰고 갈 수 있을까?"

그러나 내 마음속에서는 기쁨이 충만했고 두렵지 않았습니다. 전능하신 하나님께서 내 안에 계신지 몰랐습니다.

감천장에 도착하면 소 장사꾼들이 많이 모여 있었습니다. 한 마리에 200원, 두 마리에 400원 품삯을 받는데 차비가 아까워서 12km를 다시 걸어서 되돌아왔습니다. 집에 돌아오면 또다시 지게를 지고 풀을 찾아 산천을 헤매고 다닙니다. 오전에 일찌감치 한 짐 해놓고 낙동강 줄기가 있는 동네 앞 강가에 친구들과 같이 가서 그물로 피라미를 잡는 기쁨 또한 컸습니다. 아버지께서 물고기를 좋아하셨습니다. 물고기를 한 사발 잡아오면 어머니께서 매운탕을 끓여서 맛있게 잡수셨습니다. 장마때가 되면 산에 가서 풀속에서 솟아오르는 노란 꾀꼬리버섯을 따다가 국을 끓이면 맛있는 별미였습니다. 겨울이 되면 산토끼가 다니는 길에 철사줄로 올무를 놓아서 토끼를 잡아서 무를 넣고 국을 끓이면 기가 막히게 맛이 좋았습니다. 겨우내 토끼고기로 맛있는 별미를 먹을 수 있었고 아버지께서는 기뻐하셨습니다.

아버지, 어머니의 61회 생신 때 20마리의 토끼가 잡혀서 쇠고기와 함께 최고의 별미를 손님들에게 대접했습니다.

"지금까지 잔칫집에 다녀보았지만 이렇게 맛있는 국은 처음 먹어보네요."

손님들은 기뻐하며 칭찬을 아끼지 않았습니다.

전능하신 하나님께서 가난하였지만 우리 가정에 특별한 은총을 내려주셨습니다. 수많은 사람들에게 감동을 심어주셨습니다.

6. 늑대를 옮기신 하나님

이른 새벽에 일어나 보니 채 어둠이 걷히지 않았습니다. 방문을 열어보니 눈이 내려서 산천이 하얗게 변했습니다. 1cm 정도의 눈이 쌓여 있었습니다.

'눈이 내리면 토끼들이 활동을 많이 하기 때문에 많이 잡히는데, 오늘도 토끼가 잡히겠구나.'

나는 소망을 가지고 기뻐하며 어둠을 뚫고 산으로 올라가서 곳곳에 설치해 놓은 올무에 토끼가 잡혔나 확인하기 시작했습니다. 그러나 예상과는 달리 토끼는 잡히지 않았습니다. 실망을 안은 채 올무를 확인하면서 이 산, 저 산을 헤매다가 저 멀리 설치해 놓은 올무에 희망을 걸고 먼 길을 마다하지 않고 달려갔습니다.

산밑에서 올무를 쳐다보니 토끼가 보이지 않았습니다.

'오늘은 틀렸구나.'

그러자 실망과 함께 맥이 풀리며 피곤이 몰려왔습니다. 그래도 올무를 확인하기 위해 산으로 올라갔습니다. 하얀 눈 위에는 송아지 발자국만한 늑대의 발자국이 어지러이 찍혀 있었습니다. 더 가까이 가서 보니 토끼의 발자국도 어지러이 찍혀 있었습니다. 올무는 끊어져서 사라져버리고 토끼가 발버둥친 것이 보이고 핏자국도 있었습니다. 토끼가 올무에 걸려서 살려달라고 몸부림을 치면서 소리 지르는 것을 지나가던 늑대가 보고 달려와서 올무를 끊고 토끼를 물고 가버린 것 같았습니다. 아무도 없는 산골짜기에서 벌어진 사건이라 어리둥절했습니다. 늑대가 멀리 가지 못했을 것 같은데 혹시라도 숨어서 보고 있지나 않을까 생각하니 두려움이 엄습해 왔습니다. 토끼 생각은 사라지고 늑대가 숨어서 보고 있다가 물어뜯지나 않을까 겁이 났습니다. 그러다가 생각이 바뀌었습니다.

'이왕에 죽을 바에야 토끼나 찾고 죽자.'

그래서 손에 들고 있는 낫을 꼭 쥐고 눈 위에 찍혀 있는 늑대의 발자국을 따라나섰습니다.

하얗게 펼쳐진 눈 위에 늑대의 발자국이 지나갔고 그 위에는 토끼의 핏방울이 산골짜기를 향하고 있었습니다. 갑자기 마음이 움츠러들며 두려움이 엄습해 왔습니다. 그러나 왠지 나도 모르게 늑대의 발자국을 따라서 계속 걷고 있었습니다. 골짜기로 계속 들어가더니 드디어 외통 골목에 다다랐습니다. 앞에도 양쪽 옆에도 늑대가 올라갈 수 없는 높은 벽이었습니다. 그렇다고 뒤돌아 나간 자국도 없었습니다. 온 사방을 찾아보아도 늑대의 발자국은 없었습니다. 마지막으로 바로 코앞을 보니 눈이 소복하게 쌓여 있었습니다.

'옳지, 늑대가 여기에서 눈을 뒤집어쓰고 숨어 있구나.'

나는 낫 끝에 힘을 꽉 주고 늑대가 덤벼들면 찍으려고 눈을 조금씩 파헤치기 시작했습니다. 드디어 짐승의 털이 보이기 시작하였습니다. 낫을 높이 들고 찍으려고 하다 보니 늑대의 털이 아니라 토끼의 털 같았습니다. 재빨리 눈을 파헤쳤습니다. 조그마한 웅덩이에 토끼를 꼭꼭 숨겨놓고 눈으로 덮어놓은 것이었습니다. 토끼를 꺼내서 검사해보니 배에 늑대의 이빨 자국이 두 개 구멍이 나 있었습니다. 토끼를 찾은 기쁨으로 피로가 싹 사라졌습니다.

그러나 기쁨은 잠시 잠깐, 토끼를 숨겨놓은 늑대가 보고 있다가 토끼를 빼앗으려고 덤벼들 것만 같았습니다. 아무도 없는 산골짜기에서 송아지만한 늑대가 덤벼든다면 어린아이같이 작은 나는 여지없이 늑대에 물려 죽을 것이 뻔했습니다. 겁이 나면서 다리가 후들후들 떨리기 시작했습니다. 그러나 어차피 이 환경을 벗어나야 하기에 집을 생각하며 달리기 시작했습니다. 가슴은 겁에 잔뜩 질려서 좁아졌고 떨리는 다리로 있는 힘을 다해 달리기 시작했습니다.

정신없이 달리다 보니 저 멀리 큰 길이 보이기 시작했습니다. 자동차가 달리고 있었습니다. 자동차를 보는 순간, 두려움이 사라지고 안심이 되었습니다. 남은 힘을 다 쏟아 달렸습니다.

'이제는 늑대가 못 따라오겠지.'

큰 도로에 올라서자 마음이 놓였습니다. 마음을 놓으니까 갑자기 피로가 몰려왔습니다.

캄캄할 때 집을 나섰는데 어느덧 봉긋 해가 솟아올라서 제 얼굴을 비추어 주었습니다. 지나온 과정이 마치 꿈을 꾼 것 같았습니다.

'만약에 눈이 내리지 않았더라면 늑대의 간 곳도 모르고 토끼도 찾지 못했을 텐데, 갑자기 눈이 왜 내렸을까? 왜 이런 사건이 일어났을까? 늑대는 어디로 사라졌을까?'

하나님의 말씀은 실제로 일어났던 사건을 기록해 놓았다는 것을 깨닫게 해주셨습니다.

'하나님의 말씀이 나에게도 적용되는구나. 나를 도우시는 하나님, 감사합니다.'

실제로 겪고 나니까 말씀이 너무 잘 이해가 되었습니다.

"내가 사망의 음침한 골짜기로 다닐지라도 해를 두려워하지 않을 것은 주께서 나와 함께 하심이라 주의 지팡이와 막대기가 나를 안위하시나이다"(시 23:4).

"내가 산을 향하여 눈을 들리라 나의 도움이 어디서 올까"(시 121:1).

"낮의 해가 너를 상하게 하지 아니하며 밤의 달도 너를 해치지 아니하리로다"(시 121:6).

"여호와께서 너를 지켜 모든 환난을 면하게 하시며 또 네 영혼을 지키시리로다"(시 127:7).

7. 아름다웠던 시절

날이 새면 지게를 지고 이 산 저 산, 산주인들의 눈을 피해 쫓겨 다니며 나무를 하다가, 생전 처음 기차를 타고 강원도 현리에 사시는 큰누님에게 갔습니다.

때마침 얼갈이 무를 작업해서 트럭에 싣고 서울로 보내는 작업이 있었습니다. 돈벌이가 되기에 지게를 빌려서 산비탈을 곡예하듯이 무를 한 짐 지고 내려오면 맥이 쫙 풀렸습니다. 힘이 좋은 강원도 청년들과 같이 일하려니 죽을 지경이었습니다. 저녁때가 되면 정신이 몽롱해지지만 그래도 돈이 되기에 참고 인내하며 하루하루 짐을 졌습니다.

얼마간의 돈을 벌어서 추석에 집에 오기 위해 이발관에 갔습니다. 마침 손님이 많아서 일손이 필요하기에 이전에 조금 배운 면도와 머리를 감겨주었더니, 주인이 이발관에서 같이 일하지 않겠느냐고 했습니다. 나도 모르게 승낙하고 이발관에서 조수로 일을 시작했습니다. 하루가 가고 이틀이 가니까 지치고 곤한 내 육체의 피로가 풀리면서 새카맣게 그을렸던 얼굴이 하얗게 변하여 갔습니다. 보기좋게 머리를 길러서 머리에 기름을 바르고 고데를 하고 나니 제법 이발사의 모습이 갖추어졌습니다.

19살. 인생 최고의 아름다운 시절이 나에게도 다가왔습니다. 거울을 보는 내 모습이 아름답게 보였습니다. 손님들이 이발하려고 올 때마다 나를 끌어안고 입을 맞추면서 예뻐해 주었습니다. 수많은 손님들에게 사랑을 받고 보니 내 마음은 항상 기뻤습니다. 근심도 걱정도 없이 평안했습니다. 나의 모습은 아름다운 한 송이 꽃과 같았습니다. 만약에 그때 그 모습으로 강단에 선다면 내 얼굴만 봐도 기쁘고 은혜가 넘쳤을 것입니다. 나의 인생의 최고의 절정기였고 최고의 아름다운 시절이었습니다. 그때 이렇게 생각했습니다.

'지치고 곤한 내 인생에 이렇게 편안하고 아름다운 시절이 있을 수 있단 말인가?'

거울을 바라보는 내 눈에는 이슬이 맺혔습니다.

어느덧 1년이 지났습니다. 그러나 주인은 월급 한푼도 주지 않고 내쫓았습니다. 마침 정암탄광 부속 이발소에 자리가 비어 있어서 한 달에 2천원의 월급을 받기로 약속하고 들어갔습니다. 물을 지고 와서 손님의 머리를 감겨주고 연탄을 지고 와서 이발관의 난방을 하였습니다. 이발관에서 멀리 바라보니 태백산 꼭대기에 천재단이 보였고, 뒤편에는 함백산 꼭대기가 보였습니다. 해발 1,500m 이상 되는 중턱에 자리잡은 정암탄광 이발관이었습니다.

여름이 되면 시원한 바람이 스쳐가면서 상쾌함을 안겨주었습니다. 날씨가 서늘하니까 모기가 없었습니다. 선풍기도 필요 없고 오히려 이불을 덮어야 했습니다. 계곡에 흘러내려오는 물에 발을 담그면 금세 발이 얼어붙는 것 같았습니다. 봄이면 철쭉꽃이 장관을 이루었습니다. 여름이면 시원하고 아름다운 단풍이 온 산천을 수놓았습니다. 11월이 되면 벌써 눈발이 날립니다. 한겨울이 되면 눈보라가 휘몰아쳐서 앞이 보이지 않았습니다. 눈이 많이 내릴 때에는 1m가 넘었습니다. 바람에 눈이 쌓이면 이웃 간에 구멍을 뚫고 다녀야 했습니다. 비탈진 곳에 화장실을 지어놓아서 여름이면 장마에 깨끗이 청소되지만 겨울이면 똥이 얼어붙어서 탑을 쌓아 올라와 엉덩이를 찔러서 자리를 옮겨야 했습니다. 산 밑에서 세차게 불어오는 바람에 엉덩이가 얼어터지는 것 같았습니다. 캄캄한 밤중에 화장실을 가는 것은 호랑이 굴속에 들어가는 것같이 무서웠습니다.

60년대 탄광이란 인생막장이라고 하였습니다. 갈 곳이 없는 인생이 최종적으로 모여 사는 곳이 탄광이었습니다. 며칠이 멀다하고 막장에서 사고를 당해 싸늘한 시체가 되어 고향으로 돌아갔습니다. 울부짖는 광부의 아내들의 애달픈 사연도 많았고 보상문제로 회사와 사투를 벌이곤 했습니다. 작업 중에 다쳐서 일평생 장애자로 전락되는 사람도 많았습니다. 하루 벌어 하루 산다는 하루살이 인생, 매일같이 술에 취해서 싸움이 벌어집니다. 전국의 깡패들이 사고를 치고 피난 온 곳이 탄광촌이라 마치 도피처와 같았습니다. 이 적막한 곳에 가장 작은 나를 던져놓으시고 인생의 경험을 하게 하셨습니다. 인생이란 한 번 왔다가 사라지는 것, 시대를 좇아 시대를 따라 살다가 사라지는 것이었습니다.

이발관에서 2년을 근무하다가 21살이 되어 군대에 가기 위해 신체검사를 하니 키 150cm, 몸무게 50kg, 귀에서 고름이 나서 3급 판정을 받고 방위병으로 판정이 났습니다. 이제 돈을 더 많이 벌어서 부모님을 편히 모신다는 마음으로 탄광에 들어가기로 했습니다.

"울 때가 있고 웃을 때가 있으며 슬퍼할 때가 있고 춤출 때가 있으며"(전 3:4).

8. 전기용접기에 감전되다

며칠 후, 작업에 필요한 도구를 갖추어서 회사에 출근했습니다. 내가 배치받은 곳은 롤러 수리공이었습니다. 전차를 타고 4km를 들어갔습니다. 연약한 제 마음속에는 두려움이 있었습니다.

어둡고 캄캄한 갱 속에 무너지지 않도록 세워놓은 지주가 중간이 꺾여서 반쯤 내려앉았습니다. 굴이 무너진다고 도망을 가니까 사람들의 웃음보가 터졌습니다.

권양기실에 도착하니 기계가 웅장한 소리를 내면서 어린아이들 팔뚝같이 굵은 와이어가 서서히 풀어지면서 탄을 실어 나르는 광차 10량을 달고 내려갔습니다. 막장에서 캔 돌과 탄을 실은 광차 10량을 달아서 끌어올리는 권양기의 소리가 갱 속을 떠나갈 것 같은 굉음을 내면서 와이어를 감아올리니까 마침내 탄을 실은 광차가 끌려올라왔습니다. 전차는 광차를 밖으로 운반하였습니다.

권양기실 앞에서 15도 경사를 따라서 1km를 내려가면서 고장난 롤러를 수리하면서, 전에 근무하던 수리공이 나에게 수리하는 방법을 가르쳐 주었습니다.

며칠이 지나자 이제는 혼자서도 잘해낼 수 있었습니다. 깨끗이 수리해놓은 롤러 수백 개가 한꺼번에 잘 돌아가는 것을 볼 때 마음이 기뻤습니다. 회사에서도 일을 잘한다고 칭찬이 자자했습니다. 어느덧 보름이 흘러갔습니다.

하루는 물에 젖은 작업복을 입은 채로 공무과에 가서 전기용접기 앞에 앉았습니다. 토막으로 된 기차 레일 위에 앉아서 고장난 롤러를 용접하기 위해 전기용접기를 손에 들었습니다. 지금까지 전기용접하는 것을 옆에서 구경은 했지만 직접 용접을 해보지 못했습니다. 그러나 '남이 하는 것, 나도 하면 되겠지.' 자신감을 가지고 용접봉을 오른손에 잡고 용접기에 꽂아 넣으려고 애를 썼지만 제자리에 들어가지 않았습니다. 용접봉을 손에 꽉 잡고 힘껏 밀어넣는 순간 "아-악!" 하는 소리와 함께 내 몸에 고압선의 전류가 흐르기 시작했습니다. 갑자기 전기에 감전이 되자 정신이 없어졌습니다. 온몸이 사정없이 떨리면서 감당할 수 없는 고통이 밀어닥쳤습니다. 계속해서 "아악!" 소리만 질렀습니다. 그때 옆에서 작업하고 있던 공무과 이석재씨와 홍사석씨 등 여러 명이 달려오더니 장화발로 나를 전기에서 떨어지라고 차는 것이었습니다. 그러나 전기에서 떨어지지 않고 뒤로 넘어져서 하늘을 향해 손을 흔들, 다리를 마치 개구리처럼 쭉 뻗고 있는 힘을 다해 살려달라고 소리를 질렀습니다.

"너무 고통스럽고 아파요. 살려주세요!"

애절한 나의 절규의 소리는 함백산과 태백산 사이 현리 골짜기에 메아리쳤습니다. 손을 흔들며 살려달라고 몸부림치다가 팔에 힘이 빠져서 땅에 내려놓으면 손바닥에 쇠붙이가 달라붙으니까 죽는 것 같은 고통이 왔습니다. 죽을힘을 다해서 쇠붙이를 털어내고 나면 손바닥의 고통은 사라졌으나 내 몸의 고통은 그대로였습니다. 또다시 팔에 힘이 빠져서 손을 땅에 내려놓으면 여지없이 마치 자석에 쇠붙이가 달라붙

듯이 달라붙어서 아파서 견딜 수 없어 살려달라고 소리를 지르면서 손에 붙은 쇠붙이를 털어냈습니다. 그렇게 하기를 수십 번, 아무리 살려달라고 애원을 하고 몸부림을 쳤지만 고통은 사라지지 않았습니다.

'이제는 살아날 가망이 없나 보다. 그렇다면 차라리 빨리 숨이 끊어져서 고통도 괴로움도 없는 저세상으로 가는 것이 좋겠다.'

그렇게 생각하고 살려달라고 치던 몸부림도 멈추어 버렸습니다. 그리고 고통스럽던 손바닥은 쇠붙이가 달라붙든 말든 빨리 숨이 끊어지기를 바라면서 바닥에 내려놓고, 내 눈은 저 멀리 하늘을 바라보면서 눈을 감고 죽음을 기다리고 있었습니다.

그런데 이상한 사건이 벌어졌습니다. 그렇게도 고통스럽던 내 육체에 평안이 찾아왔습니다. 괴로움도 고통도 아픔도 사라지고 평안해졌습니다. 내 영·혼·육체에 천국이 이루어졌습니다. 황홀했습니다. 그때 내 죽음을 보고 슬퍼하실 아버지·어머니·형·누나들의 얼굴이 내 눈에 비쳤습니다. 내 마음은 기뻤지만 내 눈에서는 눈물이 흘러내리고 있었습니다. 슬퍼서 울고 있을 때 저 멀리 하늘나라에서 찬송소리가 아름답게 들려왔습니다. 너무나 기쁘고 황홀해서 입가에 웃음이, 눈가에는 눈물이 흐르고 있었습니다. '옛 속담에 사람이 죽을 때 기쁘다더니 정말로 그렇구나.' 하고 생각하고 있을 때 전기가 끊어져서 자리에서 일어났습니다. 개구리를 물에 넣고 전기를 넣으면 순식간에 다리를 쭉 뻗고 죽어버립니다. 나도 얼마동안 그런 모습이었습니다. 다리를 비롯해서 뼈 마디마디가 쑤시고 아팠습니다. 온몸에는 핏기가 하나도 없어서 백지장 같았습니다. 손가락을 보니 노란 구멍이 뚫렸습니다. 전기가 손가락에 있는 구멍으로 빠져나갔기 때문에 심장이 터지지 않고 살 수 있었다고 했습니다.

왜 나에게 이런 고통이 찾아왔는지 모르겠습니다. 태어날 때 문지방에 머리가 찢어져서 피를 많이 흘리더니, 오늘은 예수님이 십자가에서 손과 발에 대못이 박히는 아픔을 경험하고 겪어야 했는지 주님만이 아십니다.

"그가 찔림은 우리의 허물 때문이요 그가 상함은 우리의 죄악 때문이라 그가 징계를 받음으로 우리는 평화를 누리고 그가 채찍에 맞음으로 우리는 나음을 받았도다"(사 53:5).

9. 선반기계가 멈추다

죽음의 고통에서 살아나서 그 이튿날 아무 일도 없었던 것처럼 아침에 일찍 출근하여 막장에 들어가서 돌아가지 않는 롤러를 수리했습니다.

하루가 가고 이틀이 지나고 어느덧 일주일이 지났습니다. 수리해놓은 롤러가 바닥이 났습니다. 롤러 한 개가 멈추어 서게 되면 와이어의 손상이 심하기 때문에 빨리 교체해 주어야 와이어가 상하지 않습니다. 낮에는 기계 사용이 불가능하여 저녁에 야간작업으로 롤러를 깎기로 하였습니다. 기술자들은 집으로 퇴근한 다음, 선반기계 조수인 양 군 (이름은 기억나지 않으나 어릴 때 소아마비로 다리를 절룩이는 것은 기억이 남)에게, 선반기계를 한번도 만져보지도 못한 내가 양해를 구한 다음, 박달나무를 기계에 끼워 넣는 순간, "아-악!" 비명소리와 함께 기계가 멈추어 섰습니다.

내 발가락 끝이 땅바닥에서 떨어지려는 순간에 기계가 멈추어 선 것입니다. 그리고 돌아가는 기계에 내 작업복이 감겨서 기계 밑으로 내 얼굴이 맞닿아 있었습니다. 고개를 겨우 돌려서 양 군에게 손짓으로 스위치를 빨리 내리라고 소리쳤습니다. 어린 양 군은 정신을 차리지 못하고 이리 뛰고 저리 뛰면서 어찌할 바를 몰라했습니다. 내 고함소리를 듣고서야 정신을 차리고 기계 스위치를 내렸습니다.

나는 천천히 일어나면서 기계에서 작업복을 풀어내면서 생각했습니다. '도대체 이 거대한 기계가 왜 멈추어 섰을까?' 중감 심부 연결부분에 옷이 감겼기 때문에 기계가 멈추어 서는 것과는 상관이 없는 곳이었습니다. 기계에서 옷을 풀어내고 나니 갈비뼈가 아파서 숨을 쉴 수가 없었습니다. 마치 빨래를 비틀어 짠 것과 같이 옷이 감겨서 내 몸을 빨래를 짜듯이 조였던 것이었습니다.

겨우 발걸음을 옮겨 부속병원에 가서 진찰을 했더니 갈비뼈는 골절되지 않았습니다. 그러나 가슴이 아파서 숨을 제대로 쉴 수가 없었습니다. 이 사건은 인간의 생각으로는 상상을 초월한 사건입니다. 거대한 선반기계가 갑자기 멈추어 선다는 것은 믿기 어려운 사건입니다. 만역에 기계가 멈추어 서지 않고 계속 돌아갔다면 남은 것은 작업복뿐이고 내 몸은 가루가 되었을 것입니다.

집에 돌아가서 가슴이 아파서 밤새도록 잠을 이루지 못하다가 이튿날 아무렇지도 않은 것처럼 출근해서 막장에 들어갔습니다. 가슴이 아파 허리를 제대로 굽히지도 못하면서 작업을 하였습니다. 사건이 벌어진 지 어느덧 일주일이 지나갔고 상처도 아물었습니다.

"여호와께서 아모리 사람을 이스라엘 자손에게 넘겨주시던 날에 여호수아가 여호와께 아뢰어 이스라엘의 목전에서 이르되 태양아 너는 기브온 위에 머무르라 달아 너도 아얄론 골짜기에서 그리할지어다 하매 태양이 머물고 달이 멈추기를 백성이 그 대적에게 원수를 갚기까지 하였느니라 야살의 책에 태양이 중천에 머물러서 거의 종일토록 속히 내려가지 아니하였다고 기록되지 아니하였느냐"(수 10:12-13).

10. 세 번 죽음에서 살려주시다

선반기계에서 살아난 지 일주일이 지났습니다. 평소와 다름없이 전차를 타고 권양기실에 도착하니 작업시간이 되지 않아서 권복길 친구 권양기 운전수와 대화하다가 보니 작업시간이 되었습니다. 몸을 일으켜 세우고 천천히 걸어가다가 경사진 길을 내려가려고 하는데 내려가던 발이 되돌아 올라오는 것이 아닙니까. 불길한 예감이 스쳐 지나갔습니다.

'오늘 사고나 나지 않을까? 오늘은 작업을 중단할까?'

망설이다가 '설마 무슨 일이 있으려고! 아무런 일도 없겠지.' 불길한 생각을 씻어버리고 롤러를 수리하면서 내려갔습니다. 작업은 순조롭게 진행되었습니다. 마지막 롤러를 수리하고 나니까 탄을 가득 실은 광차가 30km 속도로 달려오기에 작업도구를 들고 재빨리 광차 사이에 올라탔습니다. 손에 들고 있는 작업도구를 하나씩 허리에 차고 있는 허리띠에 꽂아 넣었습니다. 마지막으로 손도끼를 허리에 차려고 하니까 도무지 들어가지 않았습니다. 애를 쓰면서 꽂아 넣으려고 하고 있는데 마음속에서, '줄이 끊어지게 되면 도끼에 배가 갈라져서 창자가 터져 나오게 될 텐데…,' 하는 순간, 턱하는 소리가 나는 동시에 노르바시 김도길씨가, "막기줄이 끊어졌다! 뛰어내려라!" 하는 다급한 소리에 재빨리 광차에서 뛰어내렸습니다. 그러나 곧바로 와이어가 내 몸을 휘감아 공중으로 올라갔다가 울퉁불퉁한 돌바닥에 후려치니까 정신을 잃고 말았습니다.

정신이 들어서 일어서려고 하는데 이번에도 내 몸을 휘어감고 돌바닥에 후려치니까 또 정신을 잃고 말았습니다. 얼마 있다가 또 일어섰더니 이번에도 또다시 내 몸을 휘어감고 후려쳤습니다. 정신을 잃고 쓰러져서 한참 후에 정신이 들어서 일어섰습니다. 정신이 몽롱해졌습니다. 비틀거리며 멀리를 바라보니 철길에 파란 불꽃이 일어나고 있었습니다. 그 상황 속에서도 '고압선이 터져서 정전이 일어나는구나. 나는 이제 죽었구나.' 하고 서 있는데 스르르 하는 소리와 함께 끊어진 와이어가 내 앞에 멈추어 서는 것이었습니다.

김도길씨는 경험이 많아서 광차에서 뛰어내려서 지주 곁에 바짝 붙어서 사고를 당하지 않고 내 모든 광경을 다 지켜보고 있다가, 내가 살아 있다는 것을 확인하고는 복선에서 보수작업을 하고 있는 인부들의 이름을 슬피 부르며 뛰어 내려가는 것이었습니다. 불도 없이 캄캄한 굴속에서 아무것도 보이지 않았지만 하늘이 무너져도 솟아날 구멍이 있다더니 1km 밖에 있는 권양기실에서 새어나오는 희미한 불빛을 소망을 안고 만신창이가 된 몸이 아픈 줄도 모르고, 광차가 다니는 레일을 더듬거리며 기어오르기 시작했습니다. 있는 힘을 다해서 기어오르다 보니 어느덧 불빛이 가까워져 갔습니다.

드디어 권양기실에 도착해서 정신을 잃고 말았습니다. 정신이 들어서 깨어보니 권복길 친구가 걱정스런 모습으로 위로하고 있었습니다. 사고 소식이 밖에 있는 사무실에 이미 전달이 되어 소장을 비롯해서 직원들이 급히 달려왔습니다. 내가 살아 있다는 것을 확인하고 복선에 있는 인부들에게로 급히 내려가는 것이었습니다.

얼마 후 사고를 당해 중경상을 입은 광부 3명이 걸어서 올라왔습니다. 한 명은 광차에 치여서 사망을 하였습니다. 중경상을 입은 4명은 전차를 타고 갱 속을 빠져 나오자, 사고 소식을 들은 가족들 수십 명이 갱 입구에서 마음을 졸이면서 기다리고 있었습니다. 그중에 큰누님께서도 올라오셔서 초조하게 기다리다가 무사히 돌아오는 나를 보시더니 눈물을 흘리셨습니다. 경험이 없어서 병원으로 먼저 가지 않고 큰누님 집으로 가서 부엌에서 옷을 벗고 몸을 씻으려고 옷을 벗는데 온몸이 성한 곳이 없이 피가 흐르고 있었습니다. 울퉁불퉁한 돌바닥에 세 번이나 곡식을 털 듯이 후려침을 당했으니 온몸이 다 벗겨져서 피가 흘러서 쓰리고 아팠습니다. 그러나 다행히 뼈는 다치지 않았습니다. 그리고 얼굴은 하나도 상처가 없었습니다.

이미 사고가 날 줄 알고 지하에 내려가지 말라고 하나님이 경고해주셨는데도 깨닫지 못하고 내려가서 결국은 사고를 당했지만, 그래도 감사한 것은 옆구리에 손도끼를 찼더라면 배가 갈라져서 창자가 나왔을 텐데 그것도 하나님이 막아주셨고, 뼈가 부러지지 않고 얼굴에는 상처가 하나도 없게 지켜주셨다는 것입니다.

몸을 씻고 황지에 있는 서울병원에 가서 X레이를 찍어본 결과 뼈는 다치지 않아서 통근치료를 하면 된다고 했습니다.

치료를 받고 거의 완치되었을 때 이곳에서 함께 지내던 이상태라는 친구가 서울에서 내려와서 수출품 스웨터 공장에 가서 일하면 돈을 많이 번다는 말에 귀가 솔깃하여 서울로 따라가기로 했습니다. 치료를 중단하고 그동안 함께 지내던 친구들과 송별회를 하고 헤어지는데 내 속에서 서러움의 눈물이 솟구쳐 올라왔습니다. 아무리 울지 않으려고 해도 아픈 마음에 눈물이 그치지 않았습니다.

'21살 꽃다운 나이에 그것도 키가 150cm, 초등학교 6학년 수준밖에 되지 않는 철부지 어린것이 열심히 돈 벌어서 부모님을 편히 모시겠다는 한 가지 꿈을 안고 죽음에서 살아나서, 또 이튿날 또 일하고 또 죽음에서 겨우 살아나서 이튿날 또 일하고, 돈을 많이 벌 수만 있다면 전진 또 전진하였지만 마지막으로 세 번이나 죽음에서 살아나서 이제 만신창이가 된 몸과 마음을 가지고 또 다른 세계로 가야 하다니! 나의 가는 길에 또 어떤 장애물이 있을까? 그곳에 가면 돈을 많이 벌겠지.'

그저 죽음에서 살아나서 멍한 생각뿐 아무것도 생각나지 않았습니다.

이튿날 가랑비가 부슬부슬 내리는데 우산을 쓰고 정암탄광 뒤편으로 올라가갔습니다. 함백산 중턱 너머 멀리 보이는 정암탄광, 사고를 당한 공무과를 바라보는 내 눈에는 이슬이 맺혀 있었습니다. 함백산을 넘어서 고한역으로 가는 산길에 이슬에 젖은 풀을 헤치며 가다보니 바짓가랑이가 다 젖어 버렸습니다.

고한 역에 도착하여 서울로 향하는 기차를 타고 가면서 창문에 흘러내리는 빗물이 내 마음에 흐르는 눈물이었습니다.

"여호와께서 너를 지켜 모든 환난을 면하게 하시며 또 네 영혼을 지키시리로다"(시 121:7).

11. 서울이 좋다지만

밤 8시가 되어 서울역에 도착하였습니다. 서울역을 빠져나오니 수많은 차들이 경적을 울리며 바삐 왕래하고 있었습니다.

택시를 타고 뚝섬으로 달리는 차창가에는 네온사인이 화려하게 돌아가고 있었습니다. 생전 처음 보는 휘황찬란한 불빛을 바라보면서 '여기가 바로 대한민국 수도 서울이구나.' 생각하니 감개무량했습니다.

택시는 화려한 시내를 빠져나가서 점점 어두운 시골길로 달리는 것이었습니다. 서울이라고 하면 어디든지 아름답고 화려한 곳인 줄로만 알았는데, 논밭이 보이고 반딧불이 보이기 시작하니 실망감이 찾아왔습니다.

뚝섬에 도착하니 어둡고 캄캄한 시골구석이었습니다. 차에서 짐을 내리지도 않고 택시를 타고 시내로 들어가서 요꼬학원에 가서 기술을 배우기로 하고 성동구에 있는 국제복장학원에 등록하고 나니 마음이 놓였습니다.

이튿날부터 기술을 배우기 시작했습니다. 그런데 문제가 생겼습니다. 요꼬 기계를 한 번 흔들 때마다 옷이 짜여져 나가는데 하나, 둘, 셋, 넷, 다섯… 열심히 숫자를 세다가 스물 이상이 넘어가게 되면 숫자가 기억이 나지 않아 제품이 되지 않았습니다.

막장에서 세 번 머리가 돌이 부딪히는 바람에 뇌에 상처를 입어서 기억력을 많이 잃었습니다. 하루가 가고 이틀이 가고 며칠이 가도 뇌의 기능이 회복되지 않았습니다. 다른 사람은 기술을 다 배워서 공장으로 취직되어 가고 있는데 나는 학원비와 밥값만 들어가다가 나중에는 학원비를 내지 못해서 원장님에게 여러 학생들이 보는 앞에서 구타를 당하게 되었습니다. 그리고 쫓겨나서 갈 곳이 없어 길거리를 헤매는 노숙자 신세가 되고 말았습니다.

배는 고프고 갈 곳이 없이 헤맬 때 학원에서 같이 배우던 학생의 소개로 대륙섬유산업에 입사하게 되었습니다. 거기서도 숫자를 세지 못해서 얼마 못 가서 쫓겨나게 되었습니다. 갈 곳이 없어 가방을 둔 문지방에 걸터앉아서 한없이 울고 있을 때 지나가던 상무님이 보시고 말씀했습니다.

"갈 곳이 없는가 보구나. 나를 따라오너라."

내가 따라가자 상무님은 스웨터를 스팀으로 다리는 완성실로 갔습니다. 예쁜 아가씨들이 수십 명이 재봉틀로 옷을 박고 있었습니다.

내 일자리는 제일 중앙에서 완성된 스웨터를 묶어서 내보내는 작업이었습니다. 여러 아가씨들의 사랑을 받으며 기쁜 마음으로 작업을 했습니다. 마치 천국에 사는 것같이 기뻤습니다. 때로는 예쁜 아가씨들이 와서 내가 하는 일을 도와주었습니다. 때로는 밤을 새워서 철야작업을 했습니다. 철야작업을 하는 가운데 가슴 아픈 광경도 목격했습니다.

재봉일을 하는 아가씨가 피곤해서 실수로 재봉틀로 자기의 손가락을 박아 죽을 듯 고통스러워했습니다. 어떤 아가씨는 머리카락이 재봉틀에 감겨서 뭉텅이로 머리카락이 뽑혔습니다. 시골에서 올라온 아가씨들의 고충이 이만저만이 아니었습니다.

어느덧 겨울이 닥쳐왔습니다. 그런데 공장이 부도가 나서 직공들이 뿔뿔이 흩어지고 갈 곳이 없는 사람은 남아서 창고에서 잠을 자고 식사는 무료로 제공해 주었습니다.

추운 겨울에 창고에서 이불을 덮고 잠을 자고, 하얀 서리가 내린 차가운 수돗물에 비누도 없이 세수를 하고 양지바른 곳에서 하루 종일 몸을 녹입니다. 그러다가 이제는 식사까지도 중단되어 굶주림을 겪게 되었습니다. 며칠을 굶고 거리를 지나는데 구멍가게에 진열해 놓은 삼립빵이 보였습니다. 주인이 보지 않기에 들어가서 빵을 훔쳐 먹으려고 가다가 발걸음을 멈추었습니다. 차마 도둑질을 할 수 없어서입니다. 허기진 배를 움켜쥐고 차가운 이불 속에서 온 밤을 지새우니 잠이 오지 않았습니다. 이때 누군가 오뎅 국물 한 그릇만 사주었다면 그 은혜는 평생 잊지 못했을 것입니다.

12. 누에고치에 대한 은혜

19살에 고향을 떠나서 3년 6개월 동안, 객지에서 죽음의 사선을 넘어서 다시 따뜻한 부모님의 품으로 돌아왔습니다.

파란만장했던 지난날을 잊어버리고 농사일에 아픔을 씻어내고 지게를 벗삼아 오늘은 이 산, 내일이면 저 산으로 산 주인 몰래 숨어다니며 땔감을 긁어모아 한 짐 짊어지고 산에서 내려오면 안도의 한숨을 쉬면서 하루의 임무를 마치게 됩니다.

어느덧 따뜻한 봄날이 되었습니다. 이종사촌의 누님의 중매로 처음이자 마지막으로 선을 보고 합격하여 지금의 아내와 삶의 동반자로 맺어지게 되었습니다.

약혼 날짜를 정하고 누에고치를 수납하려고 영주 농협창고에 갔습니다. 영주 군내 여러 동네에서 열심히 농사를 지어온 누에고치가 큰 상자에 담겨서 줄을 서서 기다리고 있었습니다. 누에고치가 크고 희게 보였습니다. 대부분 특등급을 받고 주인들이 기뻐하였습니다. 그러나 내가 가지고 간 누에고치는 작으면서 지저분해서 남 보기에 창피스러웠습니다. 드디어 내 차례가 되어서 농협 직원이 저울 위에 숫자를 세어서 올려놓았습니다. 농협 직원이 고개를 갸우뚱하면서 말하는 것이었습니다.

"참 이상하네? 누에고치는 제일 작은데 무게는 제일 많이 나가네?… 당신이 숫자를 세어보세요."

나는 하나, 둘, 셋… 하면서 한 개 한 개를 저울에서 내려놓다가 보니 본래 20개가 정상인데 21개로 한 개가 더 올라가 있었습니다. 농협 직원의 손으로 올려놓았는데 어째서 한 개가 더 올라갔는지 나는 마음이 약해서 남을 속일 수 없어서, "한 개가 더 많은데요." 하고 말을 하려고 하는데 내 속에서 음성이 들려왔습니다. "맞다고 해라. 이것도 너에게 준 복이다." 하는 말에 나도 모르게 "맞는데요." 했더니 고개를 갸우뚱하면서 '참으로 이상하네?' 하면서 특등급을 주어서 기분 좋게 집으로 돌아오게 되었습니다. 그 돈으로 약혼식을 올리고 결혼 비용에도 많은 도움이 되었습니다.

지금까지 나의 인생길에서 내가 감당할 수 없는 사건이 일어날 때마다 내 속에서 말씀하시고 도와주신 전능하신 하나님 아버지의 크신 은혜와 사랑을 참으로 감사드립니다.

▶▼ 결혼식

13. 결혼

19 72년 11월 14일, 지혜롭고 총명하고 아름다운 아내를 선물로 주셨습니다. 나는 철부지로 아무것도 할 수 없고 돈 많이 벌어서 부모님 편히 모신다는 생각뿐이었습니다. 결혼을 하고 아내를 행복하게 해주겠다고 마음먹고 이전에 고생하며 배웠던 요꼬 공장을 차려놓고 하청작업을 했습니다. 때마침 유류파동이 일어나서 일거리가 없어졌습니다. 직공들의 생계를 위해서 일거리를 얻어와야 하는데 아는 사람이라곤 없었습니다. 생각다 못해 용기를 내어서 청와대 박정희 대통령께 편지를 썼습니다.

'존경하는 대통령 각하, 저는 시골에서 올라와 요꼬 공장 하청작업을 하고 있습니다. 일거리가 없어서 굶어죽게 되었습니다. 도와주십시오.'

며칠 사이로 2통의 편지를 보냈습니다. 보름이 지나서 편지 답장이 왔습니다. 그 후 며칠이 지나서 구리시에서 직원이 오셔서 성남에 있는 큰 공장의 물건을 소개해 주었습니다. 그렇게 해서 공장이 잘 운영되었지만 일손이 부족하여 아내는 7명의 직공들의 식사와 빨래를 담당하고 시간이 되면 실을 감아서 옷을 짜도록 도와주었습니다. 거기에다 맏딸 영주를 임신하게 되어 무거운 몸을 이끌고 뒷바라지까지 하다 보니 임신중독에 걸리고 말았습니다. 그런 상황 속에서도 어진 아내의 얼굴에는 늘 미소가 어려 있었고, 우리 모두에게 기쁨을 선사했습니다. 출산이 임박했을 때도 아기 낳을 때 고통스러워하는 모습을 보지 말라고 제게 멀찍이 있다가 오라고 했습니다.

1년이 지났습니다. 겨우 밥이나 먹을 정도였고 같이 일하던 직공 하나가 폐병 환자였는데 같이 생활하다 보니 폐병이 옮아서 저도 폐병환자가 되고 말았습니다.

공장 문을 닫고 원진레이온에 들어갔다가 얼마 후 고향으로 돌아오게 되었습니다. 가을에 추수를 끝내고 겨울이 되니 이제는 가족에 대한 부담이 생겼습니다. 그러나 배운 것도 기술도 없으니 세 식구를 먹여 살릴 방법이 없었습니다. 생각다 못해 이전에 죽음의 시선을 넘어왔던 황지탄광에 다시 가고 싶었습니다. 이 길만이 나의 최후의 수단이었습니다. '막장에서 일하다가 죽으면 가족들이 편안히 살 수 있겠지.' 이것이 나의 소망이었습니다. 그러나 폐병이 있어서 신체검사에 자신이 없어서 걱정이었습니다. 탄광에 들어가려면 폐가 튼튼해야 막장에서 견딜 수 있기 때문이었습니다. 그러나 폐병에 대한 걱정을 할 여유가 제게는 없었습니다.

이튿날 태영탄광에 근무하시는 큰매형의 소개로 입적 원서를 가지고 배병원으로 갔습니다. 먼저 눈과 귀에 외형상 이상이 없는지 검사를 받았습니다. 양쪽 귀는 고막이 파열되어서 불합격이라고 했습니다. 그러나 헤드폰을 귀에 대고 청력 검사를 해보자고 했습니다. 의사 선생님께서 참으로 이상한 일이라 이해가 되지 않는다고 하면서 합격이라고 했습니다. 어릴 때 목욕하다가 귀에 물이 들어가 곪아서 귀고막이 썩어서 없어진 것이었습니다. 귀는 통과되었지만 이제 가장 중요한 폐병이 남아 있었습니다. 이곳에 오기 전에 영주보건소에서 X레이를 찍어보니 폐병이 심했습니다. '신체검사에서 불합격되면 나는 가족을 이끌고 어디로 가야 하나?' 초조하고 긴장이 되었습니다. 마치 대학시험을 보고 결과를 기다리는 학생의 마음같이 초조했습니다. 한 시간의 기다림이 왜 그렇게 길게 느껴지던지요!

　시간이 되어 드디어 결과가 나왔는데 합격이었습니다. 마음이 뛸 듯이 기뻤습니다. 이렇게 기쁜 일이 지금까지 없었을 것입니다. 마치 천하를 얻은 것 같았고, 인생의 큰 성공자가 된 것 같았습니다. 이 기쁜 소식을 집에 있는 아내에게 알렸습니다. 이제 내일부터 출근해야 하니까 필요한 작업복을 구입했습니다. '내일이면 나도 내 가족을 먹여 살릴 수 있겠구나.' 설레는 마음으로 잠이 들었습니다.

"너는 범사에 그를 인정하라 그리하면 네 길을 지도하시리라"(잠 3:6).

나의 갈 길 다 가도록 예수 인도하시니
어려운 일 당할 때도 족한 은혜 주시네.

14. 현숙한 여인이다

아내는 스물두 살에 나를 만나서 결혼을 하게 되었습니다. 착하고 지혜롭고 아름다웠습니다. 부잣집 좋은 신랑감이 데려가려고 애를 썼지만 이상하게도 모두 거절하였는데 재산도 없고 배운 것도 없고 기술도 없고 키고 가장 작은 나와 인연을 맺게 된 것입니다. 그러나 내 마음속에는 아내를 행복하게 해줄 용기는 있었습니다.

그러나 결혼을 하고 보니 마땅한 직장이 없어서 경기도 구리시에 있는 교문리에서 수출품 스웨터공장을 차렸습니다. 아내는 일곱 명의 식사와 빨래를 해주고 시간이 남으면 실을 감아서 작업을 하도록 도와주었습니다. 아기를 가져 입덧을 몇 개월 하고 고생하면서도 식사와 빨래를 해주었습니다. 나중에 임신중독까지 걸려서 온몸이 부어올랐습니다. 그렇게 고생하였지만 별 소득을 올리지 못하고 겨우 밥이나 먹게 되었습니다. 차라리 공장을 하지 않았더라면 새색시가 고생이나 하지 않아도 될 것을 철없는 신랑을 따라왔다가 죽도록 고생만 하게 되었습니다.

이제 더 이상 희망이 보이지 않아 고향으로 내려왔다가 강원도 탄광촌으로 남편을 따라갔습니다. 갑방은 새벽에 일어나서 식사준비를 해서 7시에 보냅니다. 을방은 낮 3시에 출근하니까 다소 여유가 있었습니다. 병방은 밤 11시에 출근하니까 남편이 잠을 깰까 봐 영주를 데리고 이웃집에 놀러갔다가 11시가 되면 돌아와 밥상을 차려주고 식사가 끝날 때까지 기다리다가 남편이 출근하면 문밖에까지 배웅하고 들어가서 잠이 듭니다.

토요일이 되면 땀과 탄가루가 범벅이 된 작업복을 새까만 탄물이 내려오는 개울가, 축대에서 내려오는 작은 물줄기에 영하 20도나 되는 강추위 속에서 고무장갑도 없이 빨래를 하고 아이들의 똥기저귀를 빱니다. 그리고 식수를 받으려면 아기들의 오줌줄기만 한 물줄기에 물을 받기 위해 줄을 서서 이삼십 분을 기다려서 물 한 동이를 받아서 머리에 이고 캄캄한 밤중에 개울을 건너서 집으로 오게 됩니다.

삶에 찌든 나이 많은 광부의 아내. 술주정에 시달리는 광부들의 아내들이 개울가에서 자기 남편들의 흉을 털어놓고 불평을 해도 아내는 절대로 남편에 대한 불평을 하지 않았습니다. 그리고 지친 광부들의 아내에게 기쁨을 선사하고 위안을 주는 천사와도 같이, 삶에 찌든 여인들의 마음에 위안을 주는 꽃이었습니다.

아내는 술이 취해 밤새도록 괴롭혀도 싫은 소리 한마디 한 적이 없습니다. 뜬눈으로 밤을 새우며 술주정을 해도 받아주며 달래며 새벽에 일어나 식사를 준비합니다. 술에 취한 남편이 출근하지 않으면 말없이 밥상을 치웁니다. 그래도 남에게 남편에 대한 한마디 불평도 하지 않았습니다. 아무런 불평 없이 세 딸을 잘 키워가고 있었습니다. 남편이 사우디아라비아에 1년 근무할 때 친정에 가서 소를 키우며 재산을 증식시켰습니다. 남편이 사우디아라비아에서 귀국해서 기도의 훈련을 받느라 직장에 제대로 다니지 못하고 기도에 매달리고 있을 때에 아내는 시장에 나가서 도라지를 가져와서 껍질을 벗기고 잘게 찢어서 시장에 갖다주었습니다. 한 관에 800원, 두 관이면 1,600원, 그 돈을 받아 생활하고 아이들 공부를 시켰습니다. 때로는 온밤을 새우며 도라지 작업을 할 때가 많았습니다. 그러나 불평이나 남편에 대한 원망 같은 것은 하지 않았습니다. 나중에 시장바닥에 한 평 되는 좌판에서 오뎅 도매를 할 때 깡패들이 와서 좌판을 둘러엎고 행패를 부려도 남편에게 이야기도 하지 않고 혼자서 조용히 해결했습니다. 결국 나중에 깡패들이 와서 사과했다고 합니다.

남편은 1년에 몇 개월씩 기도원에 가면 장사가 더 잘되기 때문에 남편에게 왜 돈 벌어오지 않느냐고 원망하지 않았습니다. 한 평 되는 좌판에서 세 딸 대학공부를 다 시키고 남편 신학교 7년 공부를 시켰습니다. 수원에 올라와서 세 딸을 결혼시켰고, 외손자 8명의 바라지를 다 해주었습니다.

교회를 개척해놓고 여러 명의 노숙자를 데려다가 먹이고 입히고 뒷바라지를 다해 주었습니다. 6년 동안 매달 두 번씩 수원 역전 앞에서 노숙자 100명에서 150명의 식사를 제공했습니다. 세상에서 가장 부족한 남편을 만나서 괴로움도 고통도 아픔도 슬픔도 많았지만 지금까지 남편의 마음을 괴롭힌 적이 단 한 번도 없었기에, 이 작은 자가 여기까지 올 수 있었고, 귀한 구국의 사명, 전도의 사명, 봉사의 사명을 잘 감당할 수 있었습니다.

전능하신 하나님 아버지께서는 가장 부족한 나에게 지혜롭고 총명하고 아름답고 사랑이 많고 인내심이 강한 아내를 보내주셨습니다. 주님께서 말씀하셨습니다. "네 아내는 현숙한 여인이다."

"누가 현숙한 여인을 찾아 얻겠느냐 그의 값은 진주보다 더하니라 그런 자의 남편의 마음은 그를 믿나니 산업이 핍절하지 아니하겠으며 그런 자는 살아 있는 동안에 그의 남편에게 선을 행하고 악을 행하지 아니하느니라"(잠 31:10-12).

"그 손의 열매가 그에게로 돌아갈 것이요 그 행한 일로 말미암아 성문에서 칭찬을 받으리라"(잠 31:31).

▼ 가족과 함께

15. 다시 막장으로

아침 일찍 일어나 작업복을 입고 매형을 따라 태영광업소로 출근하였습니다. 작업장 배치를 받고 막장으로 가는 입구에서부터 지하 500m 정도 경사진 곳에서 권양기로 광차를 끌어올리고 있었습니다.

내려가는 발걸음을 잠시 멈추고 서서 돌아가고 있는 롤러를 바라보는 내 눈에는 눈물이 고였습니다. 이 롤러 때문에 몇 번이나 죽음의 고통을 당하였던가? 그러나 내 속에서는 지난날의 악몽이 사라진 지 오래였습니다. 현실이 중요하기 때문에 옛날 이야기는 생각 속에서 사라져 버렸습니다. 앞이 잘 보이지 않는 어두운 갱 속에서 희미하게 비치는 캠프의 불빛을 따라 나를 인도하는 동료를 따라 들어가다 보니 받쳐놓은 나무가 찌그러지고 부러져서 반쯤 내려앉아 있었습니다. 금방이라도 굴이 무너질 것만 같아서 두려워서 마음이 편치 못했습니다.

탄광에 처음 입사한 초년병이라고 해서 나를 제일 쉬운 작업장에 배치해 주었습니다. 발파해 놓은 철판 위에 있는 돌을 삽으로 떠서 광차에 담는 작업이었습니다. 철판 위에 있는 돌이 삽에 뜨이지 않아 1톤을 싣는 데 2시간이나 걸렸습니다.

하루 종일 두 광차를 싣고 나니 몸살이 나고 말았습니다. 이틀을 쉬었습니다. 내 체력으로는 탄광의 힘든 노동을 감당하기에는 역부족이었습니다. 하루 일하면 이틀을 쉬어야 하니 신체검사에 합격된 기쁨도, 취직이 된 기쁨도 아무 소용이 없었습니다. 오직 아내와 자식이 있는 내 고향으로 빨리 돌아가고 싶은 마음뿐이었습니다. 이제 집으로 돌아가야겠다는 마음으로 매형에게 "나, 집으로 돌아가야겠습니다. 너무 힘이 들어서 못 견디겠습니다." 하고 말씀드렸더니 매형께서 보름만 견디면 괜찮을 거니까 보름만 참으라고 하시기에 마지못해 주저앉고 말았습니다.

하루가 가고 이틀이 가고 보름을 견디다 보니, 매형께서 권면하신 대로 요령이 생겨서 남들처럼 힘들이지 않고 작업을 완수할 수가 있었습니다. 이제는 아무리 힘든 일이라도 감당할 수가 있었습니다.

"내가 산을 향하여 눈을 들리라 나의 도움이 어디서 올까"(시 121:1).

"나의 도움은 천지를 지으신 여호와에게서로다"(시 121:2).

이제는 광부의 자격을 갖추게 되어 정상적인 작업장에 배치를 받고 일을 시작했습니다. 막장에 가서 탄을 캐고 나면 공간이 생기게 되는데 굴이 무너지지 않게 하기 위해 지주를 세워야 됩니다. 굵은 나무 두 개를 등에 지고 가파른 경사를 기어서 올라가면 발파한 뒤의 화약 연기와 탄가루 때문에 앞이 보이지 않았습니다. 작업을 마치고 나면 모두가 탄 먼지로 덮여서 누가 누군지 모릅니다. 눈만 반짝이고 이빨만 하얗게 드러나 웃으면 우스워 죽을 지경입니다. 목욕탕에 가서 샤워를 해도 눈가의 탄가루가 씻기지 않아 아름다운 눈화장이 되고 귀에도 탄가루가 깨끗이 씻기지 않았습니다.

하루 종일 탄가루를 마셨으니 목구멍이 컬컬합니다. 회사 앞 대폿집에 가서 연탄불에 노가리를 구워놓고 얼음이 둥둥 떠다니는 대폿잔 한 사발을 단숨에 들이켜고 나면 목도 시원하고 허기진 뱃속이 짜릿해집니다. 오늘도 무사히 잘 마치고 탄을 순조롭게 많이 캐내어 돈벌이가 많이 되었다고 서로가 만족하고 주거니 받거니 하다 보면 얼굴이 붉어지면서 횡설수설해집니다. 비틀거리면서 술집을 나서면 이미 통근버스는 떠나가 버린 뒤고, 집에까지 3km나 되는 거리를 비틀거리며 걸어가다 보면 탄을 실은 트럭이 지나갈 때 새카만 탄 먼지가 덮여서 온몸이 새까맣게 됩니다.

빈 도시락을 흔들며 집에 도착하면 아내는 영주를 등에 업고 반가이 맞아줍니다. 이제 한 주일 낮근무를 하면 다음 주에는 밤 11시에 출근하는 병방이 됩니다. 밖에는 눈보라가 쌩쌩 불고 전깃줄의 울음소리는 윙윙거리는데 피곤한 몸을 일으켜 세우고 밥상 앞에 앉아 있노라면 마치 소가 도살장에 끌려가는 것같이 죽을 지경이 됩니다.

"아, 오늘은 피곤한데 한 공수 빠졌으면 좋겠다."

밥도 먹지 않고 드러누우면 아내는 어린아이 달래듯이 내 몸을 일으켜 세워놓고 억지로 밥을 먹도록 달래줍니다. 하는 수 없이 억지로 밥그릇을 비우고 옷을 입고 문을 열고 밖으로 나오면 눈이 무릎까지 올라와 있습니다. 눈을 헤치고 통근버스를 타면 얼음 냉동실에 있는 듯했습니다. 현장에 도착해서 작업배치를 받고 어제 흘린 땀에 젖은 내의를 입으면 소름이 끼칩니다. 땀에 젖은 장갑을 끼고 눈 속에 파묻힌 나무를 좋은 것으로 고르려면 손과 발이 얼어서 아팠습니다. 재빨리 광차에 실어놓고 막장에 들어가면 땅속의 열기가 추위를 금방 녹여줍니다.

밤에는 식사도 하지 않고 밤새도록 작업을 하게 됩니다. 새벽이 되면 허기진 배에서 쪼르륵 하는 소리가 들립니다. 작업을 마치고 나면 차디찬 막걸리로 허기진 배를 채웁니다. 그러다 보니 광부의 삶은 일과 막걸리가 삶의 귀중한 인연이라고 볼 수 있습니다. 그러다 보니 삶의 중심을 잃고 쓰러져 가는 광부들이 얼마나 많은지 모릅니다. 나중에는 저도 그중의 한 명이 되고 말았습니다.

태영광업소에서 자리를 잡아가고 있을 때 장원광업소에서 아침에만 출근하는 조갑방만 하는 자리가 있다고 하기에 자리를 옮기게 되었습니다. 선산부 정씨는 키가 크고 힘도 세고 기술도 좋아서 회사에서 인정받는 일꾼이었습니다. 나는 처음부터 지저분한 갱 속 작업장에서부터 힘이 들었지만 파이프 밑까지 깨끗이 청소를 하기 시작했습니다. 높이 보수한 지주와 깨끗이 청소된 갱 속이 마치 안방처럼 깨끗하고 아름다워 보였습니다. 소장님은 물론이고 항장님과 과장님·계장님·감독님·광부들이 지나다니면서 칭찬을 아끼지 않았습니다. 나중에는 광업소 내 갱 속까지 깨끗이 청소하는 운동이 벌어지게 되었습니다.

입사한 지 4개월째 장원광업소 아파트가 광산촌에 처음으로 지어졌습니다. 그 좋은 아파트의 공급물량이 적어서 모범사원만 입주하게 되었습니다. 그러나 회사의 특별한 배려로, 몇 년씩 된 고참 선산부도 들어가지 못하는 자리를, 들어간 지 4개월 된 후산부인 내가 혜택을 받게 되었습니다. 얼마나 열심히 일했던지 회사에서 인정받는 일꾼이었기 때문입니다. 그 습관이 나중에 예수님을 믿고 난 다음 기도원에서 교회에서 풀을 뽑고 청소를 깨끗이 할 때마다 하나님의 큰 축복이 임했습니다.

아파트에 입주하기 위해 키를 받고 기분이 좋아서 친구들과 밤새도록 술을 마시다가 싸움이 벌어졌습니다. 방범대원들과 싸우다가 유치장에 들어가게 되었습니다. 유치장에서 밤이 새도록 소리를 지르고 술주정을 하다가 이튿날 이동재판 때 7일의 구류가 떨어졌습니다. 장성경찰서 유치장에 앉아 있으니 그동안에 쌓였던 피로가 풀리는 것 같았습니다. 편안하여 여기가 좋사오니 여기에서 계속 살았으면 좋겠다는 생각이 들었습니다. 그동안 쌓이고 쌓였던 아픈 사연과 힘든 노동이 나에게는 힘든 세월이었던 같았습니다. 유치장에서 석방되면서 아파트에는 매일같이 기분 좋은 술판이 벌어졌습니다. 그중에 나도 잘 나가는 광부의 한 사람이라 많은 사랑을 받다 보니 기고만장해서 술자리에 빠지지 않았습니다. 그러다 보니 술이 취해 일을 빠지고 술주정꾼으로 변해갔습니다. 밤이 되면 죄없는 아내를 괴롭혔고, 어린 세 딸들은 겁에 질려 떨었습니다.

그러자 몸도 마음도 병이 들고 망가지기 시작했습니다. 이제 첫 기쁨은 찾기 힘들었습니다. 그동안 벌어놓은 돈도 점점 줄어들었습니다. 지금의 노숙자들처럼 바람이 불면 부는 대로 흔들리는 갈대처럼 그냥 살아가는 것입니다. 기관지염·간염·위염·장염·우울증·술과 담배 중독…. 이제 아무 쓸모없는 폐품이 되었습니다. 인정받던 회사에 실망을 주었습니다. 모든 사람에게 실망을 주게 되었습니다. 희망도 소망도 사라졌습니다.

그때 동서가 찾아왔습니다. 사우디에 가지 않겠느냐고 하기에 "돈을 벌 수 있다면 어디라도 가겠네. 갑시다." 하고 동서를 따라나섰습니다.

1979년 4월 1일, 공영토건 소속으로 김포공항에서 KAL기를 타고 사우디아라비아 주베일 현장, 미지의 세계로 날아갔습니다.

16. 효도의 눈물

1979년 사우디아라비아에 가기 전에 어머니의 연세가 65세였습니다. 중한 병에 걸려 병원에서도 못 고친다고 모셔가라고 해서 집에서 자녀들에게 위로를 받으며 하루하루 지내셨습니다. 중국에는 유명한 한약이 많다는데 좋은 약이 있으면 사우디에서 1년 번 돈을 다 쓰더라도 어머니의 병만 고칠 수만 있다면 약을 사오겠다는 각오로 사우디로 출발했습니다.

　일을 하면서도 오로지 어머니의 병을 고칠 수 있는 약을 수소문하고 찾아다녔지만 별다른 뚜렷한 약이 없었습니다. 약을 찾아 헤매다 보니 어느덧 1년이 되어 귀국날짜가 가까웠습니다. 함께 생활하던 동료가 미제 영양제가 좋다고 하기에 한 통에 만원씩 두 통을 사서 한 통은 아버지를 드리고 한 통은 어머니를 드리려고 구입했습니다. 귀국해서 어머니에게 하루에 한 알씩 잡수시라고 부탁하고 태백시에 있는 가정으로 갔다가 한 달 후에 어머니께 갔다가 깜짝 놀랐습니다. 어머니의 얼굴이 통통 부어오른 것같이 살이 올라 있었습니다.

　'노인들이 돌아가실 때 얼굴이 붓는다더니 이제 어머니께서 돌아가시려는가 보다. 지금까지 고생만 하시다가 호강 한 번 못해보시고 돌아가시는구나.'

하고 생각하니 마음이 아파서 눈물이 났습니다.

"애야, 배가 고파 못살겠다. 밥을 하루에 일곱 번씩 먹었는데도 배가 고프구나."

"어머니, 약은 하루에 몇 알을 잡수셨어요?"

"하루에 세 알씩 먹었단다."

하루에 한 개만 먹어도 영양가가 많다는데 세 알씩 잡수셨으니 소화가 너무 잘되어 여러 번 식사를 하셔서 살이 오르셨던 것이었습니다. 그 후로는 감기도 걸리지 않고 건강하게 사셨습니다.

20년 후 교회개척을 하고 추석 명절에 큰집에 갔습니다. 거실에는 형제들이 둘러앉아 대화를 하고 있기에 어머니를 찾아 방에 들어갔더니 어머니께서 반듯이 누워시 눈이 천장을 바라보고 있는데 눈동자가 풀린 것 같았습니다. 어머니께서 모기소리만 하게,

"목사님, 나 아프지 않고 죽게 기도해 주세요."

하고 말씀하셨습니다. '아, 어머니의 혼이 떠나가시는구나.' 하고 무릎을 꿇고 기도했습니다.

'아버지 하나님, 어머니의 혼을 돌려주세요. 이제 교회를 개척해 놓았는데 자식이 잘되는 것을 보고 돌아가게 해주세요.'

눈물로 기도를 마치고 나니까, 어머니께서 일어나시더니 거실에 가셔서 밥을 한 그릇 다 잡수시고는 밖으로 나가시는 것이었습니다. 순식간에 일어난 일이라 아내와 나밖에 보지 못했습니다.

몇 년이 지난 후 조카에게서 급한 전화가 걸려왔습니다.

"할머니께서 위급하세요! 빨리 오세요."

사위의 차를 타고 어머니께 갔더니 위급한 상황이었습니다. 어머니의 머리에 손을 얹고 간절하게 기도를 드렸습니다. 조금 있으니 어머

니의 눈이 참새 눈처럼 반짝반짝 빛이 났습니다. 자리에서 일으켜 세웠더니 가족들의 얼굴을 다 알아보시고 일어나셔서 화장실에 다녀오신 후부터 건강이 회복이 되셔서, 몇 년을 건강하게 사시다가 97세 때 주님의 품으로 돌아가셨습니다.

"저 여인은 복된 여인이다."

주님께서 말씀하셨습니다.

또 아버지께서 노인들과 산골짜기에 소풍을 가셨다가 뒤로 넘어지셔서 머리가 돌에 부딪혀 깨어져 피가 쏟아졌습니다. 택시도 다니지 않는 곳이라 노인들이 당황해서 쩔쩔매고 있었습니다. 마침 지나가던 순찰차가 아버지를 태워서 병원에 가니까 의사 선생님이, 조금만 늦었어도 피가 다 빠져서 목숨을 잃을 뻔했다며 감탄을 했다고 합니다. 주님께서 말씀하셨습니다.

"2년 전 수원 역전 앞에서 추운 겨울에 쓰러져 누워 있는 술 취한 사람을 경찰 순찰차에 채워서 집에 무사히 보낸 적이 있었는데, 그때 죽어가는 생명을 살려주었기 때문에 네 아버지의 생명을 구원해 준 것이다."

그 후 아버지께서 건강하게 사시다가 95세가 되어 주님의 품으로 가셨습니다. 나는 어릴 때부터 부모님께서 고생하시는 것을 보면서 가슴속에 부모님 생각이 꽉 자리잡고 있어서, 무슨 일이 있을 때마다 눈물로 기도할 때 하나님은 제 눈물의 기도를 들어주셨습니다. 돈이 많지 않아서 호강시켜 드리지는 못했지만 항상 건강하게 사시다가 아름다운 천국으로 가실 수 있도록 기도하고 인도해 드렸습니다.

17.
사우디 아라비아에서

13 시간의 비행 끝에 우리는 사우디아라바아의 담만 공항에 도착했습니다. 비행기의 문이 열리고 고개를 내미는 순간 사막의 열기가 비행기 안쪽으로 불어왔습니다.

'아, 여기가 열사의 나라 사우디아라비아로구나!'

감개무량했습니다.

400명이 버스에 나눠 타고 주베일 캠프로 향했습니다. 사막을 가로질러서 달리는 차창 밖으로 사막의 풍경을 바라보니 신비스러웠습니다. 영화와 TV에서만 보던 사막을 직접 와서 본다는 것이 꿈만 같았습니다. 군데군데 나 있는 풀을 뜯어먹는 낙타가 신기했습니다. 나무 그늘 아래서 누워 있는 사람을 보니 참으로 게으른 사람이라고 나쁜 쪽으로 생각했습니다. 그러나 나중에 보니 저도 똑같이 되어가고 있었습니다.

2시간을 달려서 주베일 캠프에 도착하게 되었습니다. 숙소를 정하고 함께 모여 사우디아라비아의 문화와 법도를 배웠습니다.

식당으로 갔습니다. 식탁에는 닭고기 반 마리와 큰 생선이 놓여 있었습니다. 국은 쇠고깃국이었습니다.

'역시 부자의 나라는 식탁이 풍성하구나. 강원도 산골짜기에는 김치밖에 없었는데 지금 내 앞에는 꿈에나 볼 수 있었던 쇠고기·닭고기·생선이 나를 기다리고 있으니 이것이 꿈인가 생시인가? 나에게도 이런 날이 올 수 있단 말인가?'

눈시울이 뜨거웠습니다. 배가 터지도록 마음껏 먹었습니다. 이제 내 마음이 부자가 되었습니다. 이튿날부터 이제 음식에 대한 소원이 사라졌습니다. 별로 맛이 있는 줄 몰랐습니다. 아침 일찍 식사를 끝내고 현장으로 버스를 타고 갔습니다. 1년이 시작되는 하루였습니다.

4월인데 벌써 영상 30도가 넘었습니다. 햇볕이 따가워서 그늘을 찾게 되었습니다. 시간이 지나가니까 모래폭풍이 불어와서 수건을 뒤집어쓰고 숨어 있어야 했습니다.

7월이 되자 영상 61도까지 올라갔습니다. 모래가 강렬한 햇빛에 반사되어서 흰 눈처럼 하얗게 보였습니다. 모래 위를 걸어가면 연탄불에 달구어진 철판 위를 걸어가는 것같이 발바닥이 뜨거워서 걸을 수가 없었습니다. 몇 발자국만 걸어가더라도 등에서 땀이 쑥 빠져나와서 소금덩어리가 되었습니다. 날씨는 뜨겁고 돈벌이는 안되고 마음에 평안이 없어서 잠이 잘 오지 않았습니다. 탄광보다 갑절이나 돈벌이가 된다고 하기에 고생을 각오하고 가족을 떠나서 이곳까지 왔는데 돈벌이가 시원치 않으니까 마음이 괴로웠습니다.

그러던 중에 상담실에 가서 상담을 하게 되면 좋은 자리로 갈 수가 있다기에 상담실을 찾아갔습니다. 벌써 수백 명이 줄을 서서 차례를 기다리고 있었습니다. '오늘은 늦어서 내 차례가 오지 않겠구나.' 하고 숙소로 돌아와서 다음날 저녁식사를 끝내고 일찍 상담실을 찾아갔습니다. 몇 사람이 내 앞에 와서 차례를 기다리고 있었습니다.

드디어 내 차례가 되었습니다. 상담과장님이 나중에 알고 보니 교회

집사님이셨습니다. 그늘에서 생활하시니까 얼굴이 하얗고 잘생기셨습니다. 나를 바라보시더니 피식 웃으시는 것이었습니다. 그것도 그럴 것이 영상 61도나 되는 뙤약볕에서 일하다 보니 검둥강아지처럼 새카맣게 그을렸고 또 밤에 잠을 자지 못해서 수면제로 겨우 잠을 자야 했고 식사를 제대로 못해서 뼈만 앙상했으니 상담과장님께서 보실 때 우습게 보였나 봅니다. 그렇지만 내 속으로 '너는 웃어라. 나는 할 말 다 하겠다.' 하고 다짐하고 있는데 과장님께서 어떻게 왔냐고 물었습니다.

"예, 저는 강원도 황지에서 탄을 캐다가 사우디아라비아에 가면 돈을 많이 벌 수 있다고 하기에 어렵게 입사를 해서 오게 되었습니다. 그러나 생각보다 돈벌이가 되지 않으며 마음이 편치 않아서 잠이 오지 않아서 수면제로 겨우 잠을 자고 일을 합니다. 만약에 돈벌이가 좋은 곳으로 보내주시지 않는다면 탄광에서 벌어서 조그마한 집을 하나 사놓았는데 그것을 팔아서 비행기표를 사서 고국으로 돌아가려고 합니다."

형편 그대로 다 털어놓았습니다. 사정을 다 들으시더니 고개를 숙이고 무엇인가 곰곰 생각하시는 것 같았습니다. 조금 있다가 고개를 들고 다시 물었습니다.

"식구가 몇이십니까?"

"예, 부모님과 아내와 자녀가 7명입니다."

과장님께서 또다시 고개를 숙이고 무엇인가 깊이 생각하시더니 고개를 들고 말씀하셨습니다.

"알겠습니다. 당신만큼은 좋은 곳으로 보내주겠습니다. 숙소에 가서 기다리시면 사람을 보내겠습니다."

기대하는 마음으로 숙소에 돌아와 일을 마치고 저녁이 되면 이제나 저제나 좋은 소식을 가지고 직원이 오기를 기다렸지만 일주일이 지나고 보름이 다 되어도 소식이 없었습니다. 이제 정말 집을 팔아서 비행기 삯으로 주고 내 조국으로 돌아가야겠다고 사무실에 가서 상담을 해야겠다고 다짐했습니다.

이튿날 일을 마치고 숙소에 돌아와서 쉬고 있는데 회사의 직원이 찾아와서 공무과장님을 만나러 갔습니다.

공무과장님이 숙소에 가서 인사를 시켜주었습니다. 과장님께서 상담서류를 보시더니 말했습니다.

"이만하면 되었습니다. 자동차 정비소에 미국에서 공구가 5천만원 어치가 도착했는데 공구를 관리할 서무가 필요합니다. 공구 이름을 아십니까?"

나는 정신이 하나도 없는 것같이 멍청해져 버렸습니다.

'어렵게 이곳까지 왔는데 공구 이름을 몰라서 좋은 자리에 가지 못하다니…!'

마음이 서글펐습니다. 그렇다고 거짓말을 했다가는 나중에 더 부끄러운 일을 당하게 될 텐데 차라리 떨어지더라도 솔직하게 이야기하자고 마음먹었습니다.

"예, 몽키, 프라야, 펜치밖에 모릅니다."

"됐어, 됐어. 다른 것은 나중에 배우면 됩니다. 내일 아침 7시까지 공무과로 출근하세요."

과장님께서는 오히려 내 염려를 덜어주며 위로해 주셨습니다.

내 앞길에 어떤 일이 벌어질지도 모른 채 나는 아침 일찍 공무과로 출근을 하였습니다. 아침 7시인데도 직원들이 메리야스 차림으로 사무를 보고 있었습니다. 사무실에 들어가니 에어컨 바람이 시원하게 불어왔습니다.

'여기가 바로 천국이로구나. 밖에는 영상 61도까지 올라가서 펄펄 끓는 가마솥 같은 지옥인데, 천국같이 시원한 곳에서 일을 할 때가 있으리라고는 꿈에도 생각지 못했는데…. 언제나 고통과 괴로움이 매일 반복되는 작업장에서 살아왔던 내가 이런 쾌적한 환경 속에서 고통 없이 일할 수 있다니!'

마치 꿈속에서 헤매는 것 같았습니다. 내가 사무실로 들어서니까 상관 되는 계장님께서 일어서더니 반갑게 맞아주셨습니다. 나를 데리고 부장님·과장님·계장님·직원들의 책상 앞에 가서, "내가 데리고 일할 사람이니까 잘 봐주세요." 하고 장난기 있는 농담을 하면서 인사를 시켜주었습니다. 너무나 황송해서 몸둘 바를 몰랐습니다.

그리고 자기 책상 옆의 의자를 주면서 미국에서 온 공구의 책자를 주는데 영어로 되어 있어서 답답해서 잠이 오기 시작했습니다. 계장님께서 보시고 창고에 가서 푹 쉬고 오라고 하셔서 얼마나 감사한지 편안한 마음으로 창고에 가서 잠이 들었습니다. 지치고 곤한 내 심령이 긴장이 풀어지면서 잠이 들었습니다.

오후가 되어 정비사무실에 가서 정비사들과 인사를 나누고 공구를 관리하게 되었습니다. 나중에 알게 된 사실이었는데, 내 자리는 한 달간 비어 있다가 내가 들어오게 되었고 높은 사람들의 청탁에는 허락이 떨어지지 않아서 계속 비어 있다가 아무 힘도 없는 내가 이 자리에 들어오게 된 것입니다. 작업시간이 많아서 월급도 갑절이나 많았습니다. 사무실에 에어컨 바람이 추워서 메리야스 바람으로 더운 바람을 쐬려고 밖으로 나갔습니다.

'지금도 현장에서 작업하는 동료들은 61도나 되는 뙤약볕 아래서 더

위에 지쳐서 쓰러져서 죽기도 하고 고생하고 있는데 나는 이게 웬 복인가. 웬 은혜인가. 가만히 앉아서 시원한 데서 돈을 많이 벌고 있다니!'

그저 기쁜 마음뿐이었습니다. 지금이 7월인데 더위가 약해지는 11월까지 밖에서 일을 했다면 나는 쓰러졌을지도 모릅니다. 여기서도 전능하신 하나님께서 나를 도와주시어 좋은 자리에서 좋은 사람을 만나서 일하게 된 것을 전능하신 하나님께 감사드립니다.

▲ 사우디아라비아 주베일에서
사막에서 석유가 솟아오르는 광경

▶ 주베일 공사현장에서

18. 주님이 찾아오시다

하루의 일과를 마치고 침대에 누워 고향에 두고 온 아내와 영주, 정희, 명희, 어린 딸들의 사진을 보면서 잠이 오기를 기다리다 보니 숙소에 함께 지내는 열 명의 동료들은 이미 꿈나라로 가고 있었습니다. 잠을 이루려고 아무리 애를 썼지만 잠이 오지 않고 밤은 점점 더 깊어만 가고 있었습니다. 그때 내 속에서 음성이 들려왔습니다.

"너 지금 이곳에 무엇하러 왔느냐?"

내 속으로 대답했습니다.

"돈 벌려고 왔지."

또 음성이 들려왔습니다.

"돈 벌어서 무엇하려고…?"

내 속으로 대답하였습니다.

"돈 벌어서 잘살아야지."

또 음성이 들려왔습니다.

"그러면 한국에 있을 때 돈 벌지 않았느냐?"

내 속으로 대답하였습니다.

"돈 벌었지."

"돈 벌어서 무엇하였느냐?"

"돈 벌어서 술 다 먹어버렸지."

"그러면 이곳에서 이 고생해서 돈 벌어서 고국에 돌아가서 술 다 마시면 무슨 소용이 있겠느냐?"

내 속에서 주거니 받거니 대화가 무르익어 가는데 갑자기 마음이 답답해지기 시작했습니다. 술과 담배를 끊기 위해 얼마나 많은 세월을 괴로워했던가? 밤이 새도록 실컷 먹고 나면 아침에 몸이 괴로우니까 해장술을 마시면, 발동이 걸려서 하루 종일 술에 취해서 가정에 돌아와서 죄없는 아내를 괴롭히며 술주정을 하며 밤을 지새우는 날이 얼마나 많았던가. 돈도 건강도 가정의 행복도 점점 잃어가다가 마침 사우디로 오게 되어서 다행이었습니다. 그러나 다시 고국에 돌아와서 술에 중독이 된다면 인생이 회복될 수가 없을 것 같았습니다. 마음이 답답하여 침대에서 일어나서 밖으로 나가서 먼 하늘을 바라보았습니다.

'반짝이는 별빛은 아름답구나. 그런데 나의 인생은 왜 이다지도 험악한가!'

서러운 마음을 달랠 길 없어 한없이 울었습니다.

'술집이라도 있으면 술이나 실컷 퍼마시고 괴로움과 고통을 잊어버릴 텐데…. 아프고 괴로운 내 마음을 위로해 줄 자가 없구나.'

실컷 울다가 눈물을 닦고 숙소에 돌아오니 모든 사람들은 정신없이 곤히 자고 있었습니다. 침대에 올라가 겨우 잠이 들었습니다. 이튿날도 하루 일과를 마치고 침대에 누워 잠을 청하고 있을 때 또 어제와 같은 음성이 들려왔습니다.

"자, 그러면 이제 어떻게 할 것이냐?"

그 음성을 듣고 나니 고민이 생겼습니다.

'내 노력으로는 도저히 술·담배를 끊을 수 없으니 어떻게 하면 술

·담배를 끊을 수가 있다는 말인가? 교회에 나가면 술·담배가 끊어진다는데…. 안되지, 조상 대대로 산신령과 불교를 믿었는데 내가 예수를 믿으면 불효가 되겠지. 그러면 술·담배를 먹다가 부모님보다 일찍 죽으면 부모님이 얼마나 슬퍼하실까. 이래도 안되고 저래도 안되니, 어떻게 해야 좋단 말인가?'

마음이 답답해서 견딜 수가 없는데 침대에서 내려와서 밖으로 나와 먼 하늘을 바라보며 고통과 괴로움의 눈물을 흘리며 고통의 멍에를 벗으려고 몸부림을 쳤습니다.

'지난 세월 돌이켜보니 수없는 죽음의 골짜기를 걸어오지 않았던가. 이제 나는 어떻게 해야 하나. 어디로 가야 하는가?'

내 마음속에서 눈물이 강물처럼 흘러내렸습니다. 이제 방법은 하나뿐이었습니다. 교회에 나가서 술·담배를 끊으면 그 후에 불교로 다시 돌아오는 것이었습니다. 뜻을 정한 다음 침대에 돌아와서 잠이 들었습니다. 그 이튿날 아침 이슬람의 안식일인 성 금요일이었습니다. 그날 한국인들은 회관에 모여 예배를 드리고 있었습니다. 담배를 와이셔츠 주머니에 넣은 채로 교회에 첫 출석을 하였습니다. 교회에 나갔지만 재미도 없고 머리만 아프고 말씀이 귀에 들어오지 않았습니다. 그러나 담배를 끊기 위해서 예배시간마다 출석하게 되었습니다.

"나의 책망을 듣고 돌이키라 보라 내가 나의 영을 너희에게 부어 주며 내 말을 너희에게 보이리라"(잠 1:23).

19. 가난한 내 조국

술과 담배로 인해 내 인생이 망가지지 않았더라면 내 고집이 꺾이지 않았을 것입니다. 인간답게 살기 위해 마지못해 교회에 나가게 된 것입니다. 그러나 이 모든 과정이 하나님의 계획 속에서 진행되고 있었던 것 같았습니다.

그 후로 나도 모르는 영적인 이끌림이 있는 것 같았습니다. 하루 일과를 마치고 저녁식사를 마치고 동료들과 함께 가까이에 있는 주베일 시장에 일본제 카세트와 카메라를 구입하러 가게 되었습니다. 사우디에 오는 근로자들의 기본방침이었습니다. 일본은 사우디아라비아 근로자들을 통해 많은 물건을 팔아서 이익을 챙겼는지 모릅니다.

봉고차에 타고 주베일 시내를 향해 달려가는데 시내 외곽에서부터 가로등의 불빛이 대낮같이 밝게 비치고 있었습니다. 밝게 켜진 가로등 불빛 아래에 차도 사람도 지나가는 것이 보이지 않았습니다. 가끔 들개들이 어슬렁거리며 지나가고 있었습니다. 그때 내 마음속에서 눈물이 흘러내렸습니다.

'사우디아라비아는 석유가 많이 나서 쓸데없는 전기를 마음껏 쓰는구나.'

그러나 우리나라는 자원도 기술도 없어 전기를 아끼느라 시골에서는 가로등은 꿈도 못 꾸었고, 날이 저물면 전기를 아끼느라 끄고 어두운 데서 텔레비전을 9시 뉴스까지만 보고 잠자리에 들었습니다.

'우리나라는 언제 저렇게 전기를 마음껏 쓸 수 있을까? 꿈에서나, 아니 천국에서나 가능하겠지.'

어느 새 내 눈에서는 눈물이 흘러내리고 있었습니다. 잘살아보겠다고 인생막장이라는 탄광에서 죽을 고생을 하다가 이곳 열사의 나라 사우디아라비아 사막 한가운데서 61도나 되는 뙤약볕 아래서 사투를 벌이고 있지만 내 조국의 찬란한 햇빛은 보이지 않았습니다. 그때부터 기도는 할 줄 모르지만 생각과 마음 깊은 곳에서 내 조국이 잘살기만을 기대하면서 낮에는 열심히 일했습니다. 공중에 날아가는 대한항공 푸른 빛깔만 보아도 기쁘고 반갑고 눈물이 났습니다. 사우디의 1년이 마치 10년의 세월같이 지루했습니다.

수많은 사연을 남긴 채 어느덧 1년이 만기되어 귀국날짜가 되었습니다. 간염·위염·장염·기관지염·불면증·우울증으로 인해 식사도 제대로 하지 못하고 밤이면 뜬눈으로 온 밤을 지새우다가 낮에는 61도나 되는 이글거리는 태양 아래서 일을 할 때 쓰러지려고 할 때도 있었고, 그 후로 수면제를 먹고 1년을 견뎌 왔습니다. 그래도 죽지 않게 하시기 위해 중기부 서무의 자리를 마련해 주신 하나님의 은총에 감사를 드릴 수밖에 없습니다. 못된 사람을 만나서 얻어맞아서 코뼈가 부러지기도 했습니다.

모든 사람들이 귀국한다고 기뻐했지만 피곤에 지친 나는 멍하기만 했습니다. 이제 보기도 싫은 사우디아라비아를 이별하려고 담만 공항으로 출발했습니다. 처음에는 신기하기만 했던 사막과 낙타 등 사우디아라비아의 풍물들이 낯설지 않았습니다. 우리가 건설해 놓은 사막 도

시의 우뚝 솟은 담만 공항에 도착하자 대한항공 푸른 색깔의 비행기가 우리를 기다리고 있었습니다. 반갑고 기뻐서 눈물이 났습니다.

20.
갈분기도원으로

힘들게 1년을 버티며 집으로 돌아왔으나 환경은 나를 반가이 맞아주지 않았습니다. 바람에 지붕이 날아가 버렸습니다. 피곤한 몸과 마음에 짜증스러웠습니다.

백산에 있는 친척집에 갔으나 가정불화가 심해서 거기에서도 쉴 수가 없어서 영주에 있는 처갓집에 갔으나 거기서도 술취한 사람이 밤마다 괴롭혀서 견디기 힘들었습니다.

매일 술로써 위로받고 있을 때 장모님께서, "김 서방, 갈부네 기도원에 안 갈란가?" 하시는 말씀에 '갈부네'라는 말이 은혜가 되어서 술에 만취가 된 상태에서 작은처남과 함께 안동행 버스를 타고 옛고개에서 내렸습니다. 2km나 되는 거리를 술이 취해서 비틀거리며 말없이 걸어가다가 기도원 앞에 있는 가게에 들어가서 소주 한 병과 담배를 사서 도로가에 앉아서 소주를 마시고 담배를 실컷 피웠습니다. 마지막으로 실컷 먹고 마시고 내일부터 술·담배는 영원히 먹지 않겠다고 다짐을 했습니다. 남은 담배는 찢어버렸습니다.

술이 만취가 되어 기도원으로 들어가서 원장님께 인사를 드리려고 가다 보니 교회가 있었습니다. 교회 안에 들어가서 무릎을 꿇고 "하나님, 제가 왔습니다. 술·담배 끊으려고 실컷 먹고 왔습니다." 하고 인사를 드리고 원장님을 뵈려고 갔습니다.

유시학 원장님께서 조그마한 두 사람이 술이 떡이 되도록 마시고 와서 기도를 받으려고 하니 기가 막힌 모양입니다. "당신들 여기 뭐하려고 왔노?" 하시기에 사실 그대로 대답했습니다. "술·담배 끊으려고 마지막으로 실컷 먹고 왔습니다." 하니까 원장님께서 "그래요." 하시면서 기도를 해주셨습니다.

숙소를 배정받아서 숙소에 가자마자 깊은 잠이 들어버렸습니다. 꿈 속에서 하늘에서 해 같은 불덩이가 내려오더니 내 몸을 치고 산에 가서 붙었습니다. 나무가 타기 시작했습니다. 그때 나는 산골짜기에서 내려오는 자그마한 도랑가에 있는 우물 곁에 서 있다가 손바닥으로 우물을 퍼서 훨훨 타오르는 불을 끄려고 애를 쓰고 있었습니다. 맹렬한 불꽃이 나무에 붙어서 온 산으로 번져 나갔습니다.

'아이고, 큰일났네. 나 때문에 기도원이 다 타겠네!' 하고 안절부절 못하면서 손바닥에 물을 퍼서 부지런히 불을 꺼보았지만 소용이 없었습니다. 그래도 불을 끄려고 노력했습니다. 고개를 숙이고 손바닥에 물을 담아서 일어서려고 하는데 웬 사람이 내 곁에 서 있었습니다. 누군가 하고 일어서면서 발끝에서부터 천천히 훑어보니 발에는 슬리퍼를 신었고 치마 같은 옷이 보이면서 지팡이가 보였습니다.

천천히 일어서면서 허리에서부터 온몸을 보게 되었습니다. 흰옷을 입고 지팡이를 짚고 계시는데 머리는 어깨까지 내려왔고 수염이 조금 길었습니다. 얼굴은 앞만 바라보고 계셨습니다. 누군가 하고 이상하다는 생각을 하면서 산의 불을 끄려고 보니 산에는 불이 꺼져 있었고 불 탄 자국이 하나도 없었습니다. 뒤를 돌아보니 옆에 섰던 사람이 간곳이 없어졌습니다.

그때 갑자기 잠에서 깨어났습니다. 술이 확 깨면서 정신이 맑아졌습니다. 마치 생시 같은 느낌이 들었습니다. 그러나 나는 무슨 뜻인지 알지 못했습니다. 그저 이상한 일이네 하고 잊어버렸습니다. 그때 시계를 보니 정각 밤 12시였습니다. 다시 잠이 들었습니다. 이번에는 머리를 풀어헤친 여자 다섯 명이 누워 있는 내 목을 조르며 죽이려고 했습니다. 살려달라고 몸부림을 쳤습니다. 그때 조금 전에 보았던 그분이 지팡이를 짚고 걸어가고 있었습니다. 지금까지 내 입에서 "주여! 예수님!"이라는 말을 한 적이 없었습니다. 그냥 '교회에 나가기만 하면 술 담배가 끊어지겠지.' 하는 믿음만 있었기 때문에 주의 이름을 불러본 적이 없었습니다. 그런데 내 입에서 "주여, 주여! 살려주세요!" 하고 애원하며 부르짖었습니다. 살려달라고 몸부림을 치면서 부르짖다가 잠에서 깨어났습니다. 온몸이 땀에 흠뻑 젖어 있었습니다. 그리고 불 맞은 배가 뜨끈뜨끈했습니다.

이튿날 원장님께 말씀드렸더니 "기도를 많이 해야겠습니다." 하고 다른 말씀은 하시지 않으셨습니다. 기도 많이 하시는 장로님께 말씀드렸더니 "사람을 반은 잡는구먼." 하셨습니다.

"여호와의 사자가 떨기나무 가운데로부터 나오는 불꽃 안에서 그에게 나타나시니라 그가 보니 떨기나무에 불이 붙었으나 그 떨기나무가 사라지지 아니하는지라"(출 3:2).

그러나 기도가 무엇인지 모르고 '무엇인가 되겠지. 이루어지겠지.' 하는 막연한 생각에 사로잡혀서 기도도 못하고 찬송도 못하고 세월만 보내고 있었습니다. 그후 몇 개월이 지나갔습니다. 갈분기도원 산상집회가 열렸습니다. 갈분기도원에는 유명한 유시학 원장님께서 신유와 회개의 역사가 강하셔서 전국적으로 모르는 사람이 없었습니다. 평소에도 많은 사람이 오시지만 집회 때가 되면 전국에서 수백 명의 성도들이 몰려와서 골짜기가 메워질 만큼 인산인해를 이루었습니다. 지금까지 부흥강사님을 주님의 지시에 따라 유명한 부흥사를 세웠는데, 이번에는 주님께서 이름도 알려지지 않은 충청도 시골교회 이상욱 전도사님을 세우라고 하시기에 순종하는 마음으로 전도사님을 강사로 세웠는데, 설교는 안하시고 성경말씀만 암송하시는 것이었습니다. 그래도 성도들은 은혜를 받고 펄펄 뛰고 있었습니다. 그러나 나는 뒤편에 앉아서 구경만 하는 구경꾼이었습니다.

21.
찬송과 기도의 능력

비록 구경꾼이었지만 시간마다 정성껏 예물을 드렸습니다. 밤이면 산에 가서 기도하는 사람, 교회에서 철야하는 사람이 많았습니다. 산에도 따라가 보고 철야도 해보았지만 여전히 기도도 찬송도 한마디도 못했습니다. 그래도 예배시간은 지켰습니다.

마지막날 금요일 새벽예배가 시작되었습니다. 다른 사람들은 은혜를 받고 기뻐서 펄펄 뛰고 있는데 나는 구경꾼이 되어 앉아 있으니 하나님께 버림받은 것 같은 마음이 들었습니다.

마지막 시간이 되었습니다. 찬송가 '인애하신 구세주여 죄인 오라 하실 때에 날 불러주소서' 이 찬송을 부르는데 '인애하신 구세주여 죄인 오라 하실 때에 날 불러주소서' …. '나는 얼마나 죄가 많기에 남이 하는 찬송도 못하고 남이 하는 기도도 못합니까? 나는 죄인입니다…' 하고 통곡의 눈물이 쏟아져 내렸습니다. 그때 내 목이 탁 트이면서 내 배꼽 밑에서 찬송이 솟아오르기 시작했습니다.

'하늘에 계신 하나님, 죄인 오라 하실 때 날 불러주소서.'

찬송가의 가사가 기도의 제목이 되어 하늘에 계신 하나님의 귀에 들어가도록 부르짖으며 찬송을 불렀습니다. 눈물과 콧물이 흘러내려서 도랑물이 되었습니다. 한없이 한없이 눈물을 흘리면서 부르짖었습니다. 시간이 얼마나 흘렀을까…. 예배가 끝이 났습니다. 정신이 나간 사람처럼 멍하니 앉아 있었습니다.

그때 옆에 있던 분께서 "성도님 목소리가 제일 컸습니다. 600명의 목소리보다 더 크게 불렀습니다." 하고 칭찬해주셨습니다. 그때부터 찬송을 부를 때도 애절하게 하나님의 귀에 들어가도록 불렀습니다. 곡조와 상관없이 찬송이 곧 나의 기도였습니다. 기도를 해도 하나님 귀에 들어가도록 부르짖었습니다. 하나님의 섭리 가운데 집회를 열게 하시고 하나님의 계획대로 한 걸음씩 인도하시면서 필요한 능력으로 채워주시면서 인도해 주셨습니다.

하나님의 큰 은혜를 체험하고 기뻤으나 내 마음속에는 아직도 돈을 벌어야 되겠다는 생각뿐이었습니다. 수많은 사람들이 물밀 듯 몰려왔다가 다 빠져나가고 기도원에서 기도하시는 분들만 남게 되었습니다. 나도 이제 집으로 가서 사우디아라비아로 가기로 마음먹고 저녁에 원장님께 집으로 가겠다고 하니까 못 가게 말리셨습니다. 그러나 고집이 워낙 세니까 못 말리시고 그러면 주일을 잘 지키라고 부탁하셨습니다.

이튿날 새벽예배가 끝나고 나니까 원장님께서 우리를 따로 부르시고 원망하셨습니다.

"당신들 때문에 내가 밤새도록 주님께 매를 맞았습니다. 내가 종으로 쓰려고 하는데 네가 왜 함부로 내려가라고 했느냐? 그는 집에 가면 죽는다고 책망하셨습니다."

말씀하시면서 제발 내려가지 말라고 애원하다시피 하셨지만 내 고집을 꺾지 못하시고 마음 아파하셨습니다.

그날 집에 와서 사우디에 가려고 준비하였지만 무산되고, 다시 술에 빠져 죽음 직전까지 가게 되었습니다. 만신창이가 되어 버렸습니다.

22.
자살은 죄이다

탄광에 들어가려고 해도 자리가 없었습니다. 거기에다 사우디에 가는 사람들을 소개해주었다가 몇 사람의 돈을 사기당해 사우디에서 고생하며 벌어온 돈을 다 날려 버렸습니다.

하나님께 받은 은혜는 많았지만 진리의 말씀을 깨닫지 못해서 신앙을 분별할 수 없어 이리저리 방황하며 술친구들과 같이 세상길로만 달려가고 있었습니다. 이웃에 사는 처가친척들의 따가운 시선과 이웃들의 좋지 못한 시선을 받다 보니 나의 강한 자존심에 상처를 받고 정신을 잃을 때까지 술을 마시고, 울기도 많이 하고 화도 많이 냈습니다. 연약한 육체와 병들어 피곤하고 곤고한 내 심령이 믿음도 소망도 없이 하루하루의 삶이 처절하게 허물어져가고 있었습니다.

사랑하는 아내는 아무 말 없이 도라지 2관을 껍질을 벗기고 잘게 쪼개서 시장 상인들에게 갖다주고 받은 1,600원의 돈으로 우리 가족이 먹고 살고 세 딸들 초등학교 공부를 시켰습니다. 그러나 나는 부끄러운 마음도 없이 살아가고 있었습니다.

그러던 어느 날 늦은 밤중에 술이 만취가 되어 이제 더 이상 살아가야 할 가치가 없어졌기에, 허리띠를 가지고 잠든 아내와 세 딸을 바라보면서 집을 나와서 세차게 불어오는 강바람을 맞으며 다리를 건너 산을 향해 울면서 걸어가고 있었습니다.

'태어나면서부터 무거운 지게짐 밑에서 뼈가 아프도록 고생하고 탄광에 들어와서 5번의 죽음 직전에 살아나서 다시 막장에 들어와서 뼈아픈 눈물을 흘릴 때가 얼마나 많았던가? 머나먼 이국땅, 열사의 나라에서 고생하며 잘살아보겠다고 안해본 것 없이 다 해보면서 돈벌이만 된다면 내 목숨도 아끼지 않고 최선을 다하며 살아서 여기까지 왔는데, 이제 남은 것은 질병과 상처뿐이니 남에게 신세지지 않고 내 힘을 다해서 열심히 살아왔고 살아보려고 애를 썼건만 이제는 더 이상 희망도 소망도 없이 망가졌으니 내 인생은 왜 이다지도 험악한고!'

한없이 흐르는 눈물을 삼키며 산을 향하고 있었습니다.

어느덧 이제 마지막 골목을 지나 올라가고 있는데 내 속에서 뇌성 같은 음성이 들려왔습니다.

"두경아, 네가 죽기는 왜 죽어! 할 일이 얼마나 많은데!"

하나님의 뇌성 같은 음성이 지금까지 이 생각, 저 생각 하던 것이 순식간에 사라져 버렸습니다. 그때 주님께서 "네 어머니가 너를 뱃속에 담아서 얼마나 고생했는지 아느냐? 너를 낳을 때 얼마나 고통스러웠는지 아느냐? 너도 아기 낳는 것 보지 않았느냐? 죽을 힘 가지고 열심히 살아라." 하시는 주님의 말씀에 벽에 기대어 얼마나 울었는지 모릅니다.

실컷 울다가 발걸음을 돌려서 집으로 돌아오고 말았습니다. 아내와 세 딸은 내 아픔을 아는지 모르는지 아름다운 모습으로 깊은 잠에 빠져 있었습니다. 이불을 젖히고 아내 옆에 누워 따뜻한 아내의 품에 얼굴을 파묻고 잠이 들었습니다.

23.
이 나라, 이 민족을 축복하신 하나님

이 듬해인 1981년 1월 20일, 처음 예수님을 만나서 불을 받고 찬송과 기도의 능력을 받았던 갈분기도원으로 갔습니다.

그날은 기도원 뒷산에 있는 범굴 위의 산꼭대기에 가서 기도하고 싶어서 흰눈이 내린 산비탈 길을 천천히 걸어서 올라가다가 범굴을 지나 범굴 위에 올라가다 보니 200년 묵은 큰 소나무가 벼랑 끝에 서 있고, 옆에는 평평한 자리가 있기에 눈을 쓸어내리고 낙엽으로 바닥을 깔아 놓고 무릎을 꿇고 하늘에 있는 하나님의 보좌를 바라보면서 두 손을 높이 들고 기도하기 시작했습니다.

사우디아라비아에 갔더니 자동차로 달리는 길옆에서 가스가 분출되어 집채만 한 불길이 타오르고 있었습니다.

'사우디아라비아에는 석유가 많이 나온다더니 사막 여기저기에서도 많은 석유가 나오는구나. 그러나 우리나라에는 석유가 한 방울도 나지 않는데 우리나라에는 언제 석유가 나와서 잘살아 볼 수 있을까?'

가난한 내 조국을 생각하니 나도 모르게 마음속 깊은 곳에서 눈물이 솟구쳐 올라왔습니다. 그리고 주베일 시내에 쇼핑을 하러 가는데 시내 외곽에서 가로등이 붉고 환하게 비치고 있었습니다. 차도 사람도 다니지 않고 개들이 가끔 지나다니고 있었습니다.

'아, 이 나라는 석유가 많이 나오니까 필요 없는 전기도 마음대로 쓰는구나.'

그러나 내 조국 대한민국은 석유 한 방울도 나오지 않아서 전기가 부족해서 강원도 황지에서는 시내도 가로등이 없었고 골목길에는 어두워서 강도가 나올 때가 많았습니다. 저녁이 되면 불을 끄고 TV를 보다가 9시 뉴스가 끝나면 TV를 끄고 잠자리에 누웠습니다. 붉고 밝은 가로등 불빛을 바라보니까 가난의 서러움에 눈물이 나왔습니다.

'우리나라는 꿈속에서나, 아니 천국에서나 잘살아 보겠지.'

신이신 하나님의 기적이 아니면 잘살 수가 없었습니다. 그때의 일을 생각하면서 하늘에 있는 하나님의 보좌를 바라보면서,

'전능하신 아버지 하나님이시여, 이 나라 이 민족을 축복해 주시옵소서. 신이신 하나님만이 기적을 베푸사 잘살게 해주실 수가 있습니다. 올해도 비를 주시고 햇볕을 주셔서 풍년이 들게 하시고 바다를 축복하사 고기가 많이 잡히게 하시고 무역이 잘되어 부강한 나라가 되게 해주시옵소서. 그리고 대통령을 축복하사 이 나라, 이 민족을 잘 이끌어 가게 하시고 세계적인 대통령이 되게 하여 주시옵소서.'

그리고 생각나는 대로 가난하고 고통받는 사람들을 위해 성령님에 이끌려서 '하나님, 꼭 들으시고 도와주셔야만 됩니다.' 하고 내 몸과 마음과 정성과 힘을 다해서 부르짖었습니다. 나는 간곳없고 기도에 응답해 주시기만을 소원하며 매달렸습니다. 마치 배고픈 아이가 어머니의 치맛자락에 매달리듯이 매달렸습니다. 이제 기도의 제목이 없어서 기도를 마치고 자리에서 일어서려고 하는데, 나도 모르게 다시 무릎을 꿇고 앉아서 처음과 같이 부르짖으며 기도하기 시작했습니다.

제일 먼저 이 나라를 축복해 달라고 기도하기 위해 생각하고 있는

데, 뇌에 이상이 오더니 하늘문이 열리면서 이 나라가 푸른 국토로 보였습니다. 그때만 해도 산에 나무를 잘라내서 거의 벌거벗은 민둥산이 되어서 여름에 비가 많이 오면 산사태가 많이 나고, 홍수가 나서 둑이 무너지는 악순환이 거듭되고 있었습니다.

'나무가 자라고 수풀이 우거지게 되면 비가 많이 와도 홍수가 나지 않을 것입니다. 전능하신 하나님, 축복해 주시옵소서!'

그다음에는 이 민족을 생각하는데 모래알같이 많은 사람들이 모여 있는 모습이 보였습니다. '전능하신 하나님, 이 민족을 축복해 주시옵소서!' 하고 기도했습니다.

그다음에는 대통령을 위해 기도하려고 생각하고 있는데 대통령의 모습이 하늘 전체를 차지했습니다. 그래서 또 '전능하신 하나님, 대통령을 축복하사 이 나라, 이 민족을 잘 이끌어 가게 하시고 세계적인 대통령이 되게 해주시옵소서.' 하고 기도했습니다. 그다음에 국무총리를 위해서 기도할 때는 사진이 나타나지 않고 축복기도만 하고 나니까 기도가 끝이 나고 자리에서 일어났습니다.

1981년부터 풍년이 들기 시작했습니다. 때를 따라 비를 주시니 논과 밭에 비가 오지 않아서 관정을 뚫고 지하수를 전기로 끌어올려서 겨우 농사를 지었는데, 하늘에서 비가 오니까 땅속에서 지하수를 끌어올리지 않아도 농사를 잘 지어서 풍년이 들기 시작했습니다.

그때부터 지하수를 퍼내는 펌프가 사라지게 되었고 해마다 풍년이 들었습니다. 바다에도 풍년이 들어서 풍요로운 바다가 되었습니다.

그다음에는 우리 민족이 세계로 뻗어나가고 하나하나 높여지기 시작했고, 전 세계에서 우리나라에 1년에 수백만 명이 와서 활동하고 있었습니다. 마치 해변의 모래알같이 많아지게 되었습니다.

또 우리나라가 잘살게 되니 대통령도 자연히 위대해지기 시작하더니 세계적인 대통령이 되어서 대한민국의 위상이 높아지기 시작했습니다. 그러나 이 모든 축복이 하나님께로부터 내려온 것을 깨닫지 못했습니다.

2년이 지난 후 태백시 하장면에 있는 예수원에 금식기도를 하려고 갔습니다. 거기에는 세계 각국에서 토레이 신부님을 만나려고 많은 주의 종들이 와 있었고, 국내에서도 주의 종들이 많이 와 있었습니다.

3일 금식을 마치고 나니까 계획에도 없었는데 토레이 신부님과 상담이 하고 싶어졌습니다. 안내실에 찾아가서 담당하시는 권사님께 토레이 신부님과의 상담을 요청하자, 평신도는 상담을 해주지 않는다고 해서 거절을 당하고 돌아왔습니다. 이튿날도 또 찾아가서 상담을 요청했습니다. 이번에는 권사님께서 신부님께 가서 여쭈어보겠다고 가시더니 돌아오셔서 말씀했습니다.

"신부님께서 3시에 상담해 주시겠다고 허락하셨습니다. 이런 일은 처음입니다. 축하합니다."

3시가 되어서 2층 다락방으로 올라갔더니 토레이 신부님께서 먼저 오셔서 기도하시다가 반가이 맞아주셨습니다. 상담하던 중에 신부님께서 물으시는 것이었습니다.

"집사님께서 기도하시다가 환상을 본 일이 있지요?"

갑자기 묻는 질문에 생각이 나지 않았습니다.

"없는데요."

하고 말하려고 하는데 내 안에서 "있지 않느냐?" 하는 음성이 들리기에, "2년 전에 본 것이 환상이구나." 하고 있다고 대답을 하였습니다. 신부님께서는 자기의 무릎을 손바닥으로 탁 치시면서 말씀하셨습니다.

"좋습니다. 하나님께서 집사님에게 '네가 원하는 것을 전에도 주었고, 지금도 주고 있고, 나중에도 주겠다'고 말씀하십니다."

그래서 '갈분기도원에서 기도하다가 환상을 보면서 기도하게 하시고 이루어 주신 것이 하나님께서 나의 소원을 들어주셔서 이 나라, 이 민족과 대통령이 잘되었구나.' 하고 깨닫게 되었습니다.

"서른째 해 넷째 달 초닷새에 내가 그발 강 가 사로잡힌 자 중에 있을 때에 하늘이 열리며 하나님의 모습이 내게 보이니"(겔 1:1).

24. 43일 새벽기도

기도원에서 집에 돌아와서 황지교회에 등록을 했습니다. 그리고 전에 다니던 장원광업소에 입사하고 새벽기도를 시작했습니다.

낮에는 출근하여 갱 속 보수작업을 하는 후산부로 들어갔습니다. 일을 마치고 집에 돌아오니 저녁 6시였습니다. 저녁식사를 끝내고 나니 8시가 되었습니다.

자리에 누웠다가 일어나니까 밤 10시였습니다. 그때부터 신약성경 카세트테이프를 틀고 곤하게 잠이 든 아내와 자녀들이 잠에서 깨어날까 조심스럽게 귀에다 헤드폰을 꽂고 듣기 시작했습니다. 밤이 새도록 듣다 보니 새벽 3시가 되었습니다. 카세트를 끄고 세수를 하고 옷을 깨끗한 옷으로 갈아입고 밥솥에 밥을 하고 나니 4시가 되었습니다. 집을 나서니까 강바람을 타고 올라오는 바람에 귀가 떨어져 나갈 것 같았습니다.

교회에 달려가니 대문이 잠겨 있었습니다. 담벼락을 넘어서 잠이 들어 있는 사찰집사님을 깨워서 교회문을 열고 마룻바닥에 앉아서 기도하기 시작했습니다. '나라와 민족과 대통령과 삼부요인들과 풍년이 들게 하시고 바다를 축복하시고 무역이 잘되게 하시고…'부터 모든 사람들을 생각이 나는 대로 기도하다 보면 새벽예배 드리려고 오시는 성도님들의 발자국 소리가 들려옵니다.

새벽예배가 끝나고 나면 또다시 한 시간 부르짖다가 집으로 돌아가서 식사를 하고, 회사에 출근해서 열심히 일하고 집으로 돌아와서 식사하고 나면 8시가 되어서 잠깐 누웠다가 10시가 되면 다시 일어나서 카세트에서 신약성경을 듣다가 3시가 되면 세수하고 밥을 해놓고 교회에 가서 기도하는 것이 나도 모르게 숙달이 되어 자연스럽게 이루어져 갔습니다. 2시간의 잠을 잔 기억이 나지 않습니다. 잠을 잤는지 누웠다가 일어났는지 알 수 없으나 보름이 지나고 20일이 지나니까 내 몸은 뼈만 앙상하게 남았습니다.

회사의 동료들이 나를 보면서 저 사람 예수 믿더니 잘못되었다고 수군거렸습니다. 그러나 내 귀에는 하나도 거슬리지 않았습니다. 오직 내 머릿속에는 새벽기도 생각뿐이었습니다. 일을 하면서도 새벽기도 생각, 걸어가도 새벽기도 생각, 새벽기도 생각에 사로잡히다 보니 일이 힘든 줄도 몰랐습니다.

육신의 진액이 다 빠져서 갱 속에서 걸어가다가도 조금 건드리기만 해도 옆으로 넘어졌습니다. 장화가 무거워서 걸어다니는 것이 힘들었습니다. 허리에 차고 있는 케이프도 무거워서 손으로 받쳐야 했습니다. 머리에 쓰고 있는 헬멧이 무거워서 헬멧을 벗어서 손으로 들고 가야 했습니다.

잠을 8시간 자고 가도 힘이 드는 막장에서 2시간 잠을 자는지 누워 있는지 모르게 누워 있다가 힘든 작업을 하는 것은 육체에는 무리였습니다. 그러나 작업을 하는 동안에는 아무리 힘든 작업이나 무거운 것이라도 거뜬히 해낼 수가 있었습니다. 80kg 이상 되는 나무를 어깨에 메고 운반해서 선산부와 같이 높은 곳에 들어올리는 작업도 쉽게 할 수가 있었습니다. 다른 사람들은 잠시 앉아 쉬면서 담배를 피우면서 잡담을 늘어놓는 시간에 옆에 앉아서 쉬려고 했는데 내 몸에서 일이 하고 싶어서 견딜 수가 없어서 선산부가 해야 할 일까지도 하는 것이었습니다. 열심히 부지런히 기쁘게 일을 하다 보면 우리가 하던 작업은 완성되고 어느덧 퇴근시간이 되었습니다.

부지런히 몸을 씻은 다음 통근버스보다 빨리 일반버스를 타고 집으로 돌아와서 식사를 하고 누웠다가 10시가 되면 저절로 일어나서 신약성경 카세트테이프를 온 밤을 새워서 듣다가 어둡고 캄캄한 강둑을 따라 내려갈 때, 세찬 바람이 불어와도 돌아서서 등으로 바람을 막으며 교회를 향해서 달려갑니다. 이런 일이 반복되는 동안 세월이 어떻게 흘러가는지 몰랐습니다.

그날도 변함없이 달려가서 마룻바닥에 무릎을 꿇고 앉아서 성령님의 인도로 기도를 시작하려고 준비하고 있는데, 기도는 나오지 않고 눈물만 흘러내리고 있었습니다. 한마디의 기도도 하지 못하고 예배를 드리고 집으로 돌아왔습니다.

이튿날도 똑같이 눈물이 흘러내리고 있었습니다. 3일째 되던 날, 나도 모르게 한없이 서럽게 울고 있었습니다. 눈물과 콧물이 강물처럼 흘러내리고 있었습니다.

예배시간이 되자 성도들의 발자국 소리가 들려왔습니다. 밖으로 뛰쳐나가서 실컷 울고 싶었습니다. 그렇지만 눈물과 콧물을 깨끗이 닦은 다음 울었다는 표를 내지 않으려고 점잖게 앉아서 예배를 드렸습니다.

예배를 마치고 기도를 하려고 하는데 오늘은 집으로 돌아가고 싶었습니다. 자리에서 일어나서 통로를 지나서 밖으로 나오는데 내 몸에서 힘이 솟아오르면서 벽을 탁 치면 벽이 무너질 듯한 힘이 느껴졌습니다. 그때 벽을 쳤더라면 정말 무너졌을지도 모릅니다. 왜냐하면 수원에 있는 칠보산 꼭대기 바위 위에 앉아서 40일 철야기도를 하던 중, 40일 마지막 날 똑같은 힘이 내 손에 오더니 잡고 기도하던 겹쳐졌던 바위가 떨어져 나오는 것을 보았습니다. 하나님이 함께 계시면 삼손의 힘이 솟아나게 된다는 것을 나는 확실하게 믿습니다. 밖으로 나와서 겨울의 차가운 새벽하늘을 쳐다보게 하셨습니다.

그때 하늘 저 멀리에서, "두경아, 네가 원하는 것은 다 주마." 하시는 하나님 아버지의 위로의 음성이 들려왔습니다. 지나간 40일 동안 사투를 벌이면서 죽음과 같은 사선을 넘어오게 하시고, 하나님의 축복인 '전국의 열쇠'를 내려주셨습니다. 그때부터 새벽기도는 나의 생명과도 같았습니다.

> "내가 천국열쇠를 네게 주리니 네가 땅에서 무엇이든지 매면 하늘에서도 매일 것이요 네가 땅에서 무엇이든지 풀면 하늘에서도 풀리리라 하시고"(마 16:19).

25. 광차를 밀어주시다

나무를 막장에 올려놓고 발파작업을 해서 철판에 채워진 탄을 광차에 받아서 복선까지 밀고 나왔다가 빈 광차를 밀고 막장으로 들어가는 도중에, 언덕에 와서는 광차가 도무지 움직이지 않았습니다. 어깨로 밀어보았지만 광차는 꼼짝도 하지 않기에 등으로 밀어보아도 광차는 움직일 생각도 하지 않는 것이었습니다. 얼굴에는 땀이 비오듯 뚝뚝 떨어지고 등도 땀에 젖어 있었습니다.

광차 옆에 주저앉아서 맥없이 고개를 떨구고 땀만 닦고 있었습니다. 그렇다고 나의 일을 대신해 줄 사람은 없었습니다. 내 임무를 다해야 돈을 한푼이라도 더 받을 수 있었습니다.

어쩔 수 없이 자리에서 일어나서 광차 위에다 손을 얹어놓고 팔을 앞으로 쭉 뻗으면서 내 마음속에서 애절한 기도가 나왔습니다.

'이럴 때 하나님이 살아 계신다면 광차를 밀어주실 텐데….'

속으로 중얼거렸습니다. 그때 갑자기 광차가 달리기 시작했습니다. 갑자기 달리는 광차에 매달려서 따라서 뛰어갔습니다. 언덕을 넘어서니까 광차가 멈추었습니다. 고개를 들면서 '누가 고맙게 이 어려울 때 광차를 밀어주었는가?' 하고 인사를 하려고 보니 캄캄한 갱 안에는 광차와 나밖에 없었습니다.

'아, 아! 전능하신 하나님이 나의 고통을 보시고 나에게 오셔서 광차를 밀어주셨구나!'
생각하니 감사하고 기뻐서 눈물이 나왔습니다.

"내가 산을 향하여 눈을 들리라 나의 도움이 어디서 올까 나의 도움은 천지를 지으신 여호와에게서로다"(시 121:1-2).

26.
천국의 종소리

19 82년 4월, 따뜻한 봄날이 되었습니다. 술·담배를 끊기 위해 갈분기도원으로 올라갔습니다. 3일 금식을 마치고 기도원 뒷산 범굴 위에 올라가서 이 나라, 이 민족을 축복해주신 자리에 무릎을 꿇고 앉아서 '인애하신 구세주여 죄인 오라 하실 때 날 불러주소서 이 죄인 술·담배를 끊으려고 왔습니다.' 나의 간절한 사연을 찬송가 가사에 실어서 하늘보좌에 계시는 하나님의 귀에 들리도록 몸과 마음과 정성을 다하여 부르짖었습니다. 한 시간의 찬송의 기도에 내게 있는 모든 힘을 다 쏟아부었습니다.

찬송을 끝내고 나니 아무런 생각도 나지 않고 그저 멍하기만 하였습니다. 아무런 생각도 없이 산길을 따라 내려오다가 중간 지점에 넓은 바위가 있기에 걸터앉아서 고개를 푹 숙이고 있었습니다. 그때 하늘에서 종소리가 크게 세 번 땡그랑… 땡그랑… 땡그랑… 들려오는 것이었습니다.

종소리가 얼마나 컸던지 놀라서 뒤로 넘어질 뻔했습니다. 어리둥절해 있을 때 이번에는 아름다운 찬양이 들려왔습니다. 그제서야 내 심령이 기쁘고 평안이 찾아왔습니다.

숙소에 내려와서 책상 앞에 앉아 있으니 찬송이 저절로 나오더니 찬송가의 가사가 기도가 되어서 찬양하고 기도하고 하다 보니 기쁨이 충만해졌습니다. 그때 주님께서 내 어깨를 들어 올리시면서 나와 춤을 추자고 말씀하셨습니다. 그때 나는 주님의 손에 이끌리어 황홀한 마음으로 주님과 함께 춤을 추었습니다.

그 후 20년이 지났습니다. KBS 방송국에서 고교생들이 퀴즈 50문제를 맞히게 되면 골든벨을 울리며 기뻐했습니다. 나도 조마조마하게 진행되는 것을 보고 잘되기를 소원하면서 시청하고 있을 때 주님께서 말씀해 주셨습니다.

"두경아, 너는 천국의 골든벨(황금종)을 울렸단다." 하실 때 하나님께 영광과 감사를 드리고 난 다음 기뻐서 춤을 추었습니다. 나의 애절한 사연을 찬송가 가사에 실어서 하나님께 올려드렸더니 내 아픈 사연을 아시고 나에게 희망과 소망을 내려주시고 확인시켜 주신 것이었습니다. 그래서 나도 천국의 황금종을 울린 승리자라고 생각하고, 이것은 모두가 하나님의 은혜이고 우리 주 성령님께서 도와주셨기에 성령님께 감사드렸습니다.

"예수께서 이르시되 네 마음을 다하고 목숨을 다하고 뜻을 다하여 주 너의 하나님을 사랑하라 하셨으니"(마 22:37).

"내가 들으니 보좌에서 큰 음성이 나서 이르되 보라 하나님의 장막이 사람들과 함께 있으매 하나님이 그들과 함께 계시리니 그들은 하나님의 백성이 되고 하나님은 친히 그들과 함께 계셔서"(계 21:3).

27.
내 짐을
져 주시다

기도원에서 큰 은혜를 받고 내려와서 회사에 출근했습니다. 기도원에서는 천국과 같은 생활이었지만 나의 현실은 검은 작업복을 입고 화약연기가 가득하여 앞을 가리우고 탄가루는 목구멍을 메우는 지옥과도 같은, 어둡고 캄캄한 굴속에서 언제 어디서 어떤 사고를 만나서 생명이 끝날지 모르는 사망의 음침한 골짜기였습니다. 위에서 내리누르는 지압에 못 견디어 세워놓은 지주들이 땅속으로 기어들어가서 개구멍처럼 좁은 구멍으로 나무를 짊어지고 기어서 올라가면 작업복은 땀으로 흠뻑 젖게 됩니다.

열악하고 위험한 환경 속에서 하루의 일과는 평범한 광부들의 일상생활이었기에 죽음이나 규폐나 그 어떤 것도 방해자가 되지 못했습니다. 연약한 나도 그들과 같은 한 무리일 뿐이었습니다. 그들과 다른 점은 나의 마음속에는 하나님을 섬기는 믿음이 있기에 언제나 평안과 기쁨이 있지만, 그들의 마음속에는 하루일과가 끝나면 어디에 가서 멋지게 한잔할까 한다는 것입니다. 함께 작업을 하다 보면 예수쟁이라고 비아냥을 할 때도 웃으며 잘 넘어가게 됩니다. 그러면서 예수 믿으라고 전도를 하게 됩니다. 언제나 부담이 되는 것은 그들보다 조금이라도 부족한 점이 발견되면 예수님의 이름이 거론되기 때문에 조심해야

하며, 온유하고 겸손해야 되고 열심히 부지런해야 했습니다. 그래서 나무를 지고 높은 곳을 올라갈 때 그들보다 못해서는 안되었습니다. 하나님께 기도하며 최선을 다했습니다.

그러나 체력이 그들과 비교가 안될 정도로 약했기에 언제나 고통이 뒤따라야 했습니다. 오늘도 무거운 나무를 등에 지고 언덕을 기어 올라가다 보니 힘이 들고 나중에는 뼈가 아파 왔습니다. 힘이 좋은 그들은 힘차게 올라가는데 나는 짐이 무거워서 낑낑거리며 뒤처져서 올라가면서 '이럴 때 하나님이 살아 계시다면 내 짐을 져 주실 텐데…' 하고 속으로 애원했습니다.

그때 내 몸의 감각이 사라졌습니다. 내 짐이 없는 것같이 몸이 가벼워졌습니다. 빈몸보디 더 기벼워졌습니다. 내 마음속에는 기쁨이 충만해졌습니다. 기쁜 마음으로 올라가다가 보니 앞에서 힘차게 올라가던 그들이 낑낑거리며 힘들어하기에 가소로워 보여 '가소롭다. 하하.' 하는 순간 쿵 하는 소리와 함께 다시 내 짐이 천근만근처럼 무거워졌습니다. '아이쿠, 나 죽겠네!' 하고 비명을 지르고 말았습니다. 그때 주님께서 "누구든지 자기를 높이는 자는 낮아지고 누구든지 자기를 낮추는 자는 높아지리라."고 말씀해 주셨습니다.

짐은 무거워 천근만근이 되었지만 전능하신 하나님이 나와 함께 계시고 내가 울 때 눈물을 닦아주셨다는 하나님의 사랑에 감격하여 눈물이 났습니다.

"수고하고 무거운 짐 진 자들아 다 내게로 오라 내가 너희를 쉬게 하리라"(마 11:28).

28. 수십만 군대를 이끌어갈 지혜를 주소서

19 83년 4월, 아직도 술·담배를 끊지 못해서 술·담배를 끊기 위해 갈분기도원으로 올라갔습니다. 지금 내 마음속에는 직장도 돈도 관심이 없고 술·담배 끊고 새사람이 되는 것이 소원이었습니다.

이번에도 3일 금식을 마치고 성령님을 따라 나라와 민족과 내가 아는 모든 사람들을 위해 기도했으나 나를 위해서 술·담배를 끊게 해달라는 기도가 나오지 않았습니다.

얼마 후 부흥성회가 열렸습니다. 이제 나도 부흥성회 기간에 봉사를 해야겠다고 생각하고 심부름을 하게 되었습니다. 부흥회 기간 동안 부지런하게 쫓아다니다가 몸이 피곤하기에 숙소에 들어가서 잠깐 잠이 들었는데 꿈을 꾸었습니다.

기도원 뒷산 중턱에서 흰옷을 입고 두손 들고 기도하기를 "주여, 나에게 수십만 군대를 이끌어갈 수 있는 지혜를 주시옵소서!" 하고 기도하는 내 모습이 거인이었고, 양쪽에는 천사 두 명이 서 있었습니다. 뒤를 돌아보니 수십만 군대가 모여 있었습니다.

주님께서 말씀하셨습니다.

"너는 스스로 예비하되 너와 네게 모인 무리들이 다 스스로 예비하고 너는 그들의 우두머리가 될지어다"(겔 38:7).

어릴 때 홍해가 갈라지는 것 같은 기적이 일어날 때에도 대장이 되어 함께 갔던 친구들에게 명령으로 이끌었고, 130cm밖에 안되는 어린 아이가 700kg이나 되는 황소 두 마리를 몰고 12km나 되는 장터에 가서 팔았던 일을 생각해보니, 전능하신 하나님께서 이 작은 자를 통하여 전능하심을 나타내시려고 예정하신 것 같았습니다.

"여러 날 후 곧 말년에 네가 명령을 받고 그 땅 곧 오래 황폐하였던 이스라엘 산에 이르리니 그 땅 백성은 칼을 벗어나서 여러 나라에서 모여 들어오며 이방에서 나와 다 평안히 거주하는 중이라 네가 올라오되 너와 네 모든 떼와 너와 함께 한 많은 백성이 광풍같이 이르고 구름같이 땅을 덮으리라"(겔 38:8-9).

29. 원장님을 옮기신 하나님

꽃 피는 4월이 돌아왔습니다. 아직도 술·담배를 끊지 못해서 많은 죄를 짓고 있었습니다. 술·담배를 끊고 하나님을 잘 섬기려고 직장을 그만두고 기도원으로 올라가서 3일 금식을 하고 기도를 하지만 아직도 내 술·담배를 끊게 해달라는 기도는 나오지 않고 나라와 민족을 위한 기도만 나왔습니다.

3일 금식을 하면서 산에서부터 기도원 입구까지 풀을 뽑고 청소를 깨끗이 했습니다. 이번에는 구국의 제단을 청소하게 되었습니다. 풀을 뽑은 다음 빗자루로 깨끗하게 쓸고 나니 하얀 모래가 드러나고 훤하게 보이면서 내 마음이 깨끗해지는 것 같고 기뻤습니다.

해가 너웃너웃 지고 어둠이 깔리기 시작하는데 중풍병으로 고생하시며 걸음을 제대로 걷지 못하시는 원장님께서 김 장로님과 이 집사님의 부축을 받으면서 높은 산에 올라오셨습니다. 내가 청소해 놓은 구국제단을 보시면서 빙그레 웃으시며 기뻐하셨습니다. 원장님은 바닥에 털썩 주저앉으시더니 기도를 시작하셨습니다. 날은 저물어서 어둠이 땅을 덮고 예배시간이 되어 예배를 알리는 찬송이 스피커를 통해 흘러 나왔습니다. 장로님과 이 집사님께서 원장님을 모시고 내려가려고 하니까 원장님께서 말을 못하시고 "믿습니다." 하시면서 몸으로 건드리지 말라는 것 같았습니다. 장로님과 이 집사님께서 큰일이 났습니다. 예배시간은 되었고 원장님은 안 내려가시려고 하니 원장님을 그냥 두고 가면 움직이지 못하시는 노인이 짐승의 밥이 될까 두려워서 안절부절못하시기에 내 속에서 믿음이 생기면서 "그냥 두고 갑시다. 하나님께서 지금까지 원장님을 지켜주셨는데 설마 짐승에게 잡아먹히도록 그냥 두시겠습니까. 그냥 두고 갑시다." 하고 예배를 드리려고 내려왔습니다.

그러나 장로님과 이 집사님께서 책임이 있기 때문에 안절부절못하면서 내려오셔서 예배를 드리는 동안 온 정신은 원장님께로 집중되어 예배가 끝나자마자 두 분이 산으로 달려갔더니 원장님께서 보이지 않았습니다. 정신이 나간 사람이 되어 급히 원장님 댁에 갔더니 원장님의 하얀 운동화가 가지런히 놓여 있었는데 흙이 조금도 묻지 않았고 방문을 열어보니 원장님께서 평안히 누워 잠이 드셨습니다. 전능하신 하나님께서 원장님을 들어옮기셨던 것 같습니다.

나는 여기에서 하나님의 뜻을 발견하였습니다. 하나님이 성산을 사랑하고 아끼고 깨끗이 하나님을 섬겼더니 원장님을 통해 불가능을 가능케 하신다는 것을 보았습니다. 하나님을 기쁘시게 해드리면 우리에게 능력을 보이시고 마음껏 축복해 주신다는 것을 성경을 통해서도 알 수가 있었습니다. 하나님의 비밀을 가르쳐주시는 하나님께 감사드렸습니다.

"내가 너희를 생각할 때마다 나의 하나님께 감사하며"(빌 1:3).

"너희 안에서 착한 일을 시작하신 이가 그리스도 예수의 날까지 이루실 줄을 우리는 확신하노라"(빌 1:6).

30. 주기도문 일천 번

이듬해 4월이 되었습니다. 은혜 베풀어주신 성산으로 향했습니다. 기도원에서 봉사하시는 이 집사님께서 주기도문을 1천 번 하고 큰 은혜를 받았다는 간증을 듣고 나도 시도해 보기로 했습니다.

가랑비가 부슬부슬 내리고 있었습니다. 하나님께서 이 나라, 이 민족을 축복해주신 자리에 올라갔습니다. 시계를 보면서 1분에 몇 번이나 주기도문을 할 수 있을까 계산해 보았습니다. 처음 몇 번은 1분에 네 번에서 다섯 번을 하였습니다. 조금 후에는 부지런히 하다 보니 1분에 5번은 할 수가 있었습니다. 단 1초라도 쉬면 차질이 생기니까 쉬지 않고 계속해서 주님 가르쳐주신 기도를 하기 시작했습니다.

어느덧 백 번을 하고 나니 용기가 생겼습니다.

'이제 9백 번만 하면 되겠구나.'

하늘을 향하여 부르짖는 기도의 습관이 있었기에 하나님 아버지의 귀에 쏙 들어가기까지 마음과 목숨과 뜻을 다하여 부르짖었습니다. 3백 번쯤 할 때에 허리가 아팠습니다. 목도 아팠습니다. '이거, 괜히 시작했네.' 계속하자니 죽을 지경이고 그만두자니 하나님과의 약속이니 그만둘 수도 없고 진퇴양난이었습니다. 지금 포기하게 되면 언젠가는 또다시 시작해야 될 텐데, 모세가 하나님의 은혜로 돌판을 받았을 때는 쉬웠는데 돌판을 깨뜨리고 나서 자기 손으로 만들어서 메고 올라가니 얼마나 힘들었겠습니까. 모세의 행적이 생각이 나서 나도 여기에서 포기하면 안된다고 결심했습니다. 한 손으로 목을 잡고 한 손으로 허리를 잡고 쉬지 않고 계속 달렸습니다. 그때 마라톤 선수들이 달리는 것이 보였습니다. 마라톤 선수들이 처음 출발할 때 모두가 자신만만하고 힘차게 달리기 시작하지만, 중간쯤 달리다 보면 지치기 시작하고 정신력으로 달린다는 생각이 들었습니다. 인내하고 끝까지 달리는 자가 승리할 수 있다는 것을 깨닫고 그때부터 목을 붙잡고 허리를 붙잡고 달리기 시작했습니다.

사투를 벌이면서 달리다 보니 '이제 한 시간만 견디면 되겠구나.' 하고 용기를 내는 순간, 어디에서 솟아나는지 배에서 힘이 오더니 허리도 풀리고 목도 풀리면서 처음보다 더 힘차게 하나님의 보좌까지 들리도록 크게 부르짖으며 기도를 했습니다.

드디어 골인지점까지 왔습니다. '나도 해냈구나.' 기뻤습니다. 어려움을 당하여 포기할 수밖에 없을 때 주님께서 순간순간 깨닫는 지혜를 주셔서 어려운 관문을 통과하게 되었습니다. 주기도문 일천 번을 시키시는 분도 주님이시요, 인내심을 주신 분도 주님이시요, 나중에 능력을 주신 분도 주님이시요, 지금까지 64년이란 세월 동안 매 순간마다 위기를 넘겨주신 분도 주님이시라는 것을 새삼 깨닫게 되었습니다.

"그러므로 너희는 이렇게 기도하라 하늘에 계신 우리 아버지여 이름이 거룩히 여김을 받으시오며 나라가 임하시오며 뜻이 하늘에서 이루어진 것같이 땅에서도 이루어지이다"(마 6:9-10).

31. 장성병원에 입원

황 지교회의 4구역 구역장이 되었습니다. 하루는 권찰님과 함께 김순애 집사님 가정에 심방을 갔습니다. 김 집사님은 단칸방에 5식구가 살고 있었습니다. 남편 되시는 고 권태영씨께서 앉아 계셨습니다.

"언제 회사에 출근하십니까?"

하고 물었더니

"예, 저녁에 출근합니다."

하시기에 그런가 보다 하고 예배를 드렸습니다.

2년이 지난 후 구역예배를 드리러 갔습니다. 그날도 그 자리에 앉아 계셨습니다.

"오늘도 밤에 출근하십니까?"

하고 자연스럽게 물었더니

"아닙니다. 간염에 걸려서 2년째 쉬고 있습니다."

하셨습니다. 그러면 2년 전에 그 자리에 앉아서 출근하신다는 말씀은 거짓말이었습니다. 그 말을 듣는 순간 정말 부끄러웠습니다.

'구역장이 되어서 구역식구의 사정을 파악하지 못하고 있었다니…!'

김 집사님은 기생들의 옷을 세탁해 주고 한 달에 7-8만원으로 5식구가 어렵게 생활하고 있었던 것이었습니다.

마음속 깊은 곳에서부터 우러나오는 눈물의 기도였습니다.

'전능하신 하나님, 기적을 베풀어 주시옵소서. 권태영씨는 간염으로 일도 못하고 고생하고 있습니다. 장성병원에 국고로 입원하면 생활비가 월급에서 70%가 나옵니다. 그러나 장성병원에 입원하려면 규폐가 심해서 호흡이 가빠야 하고 결핵이 있어서 합병증이 있어야 입원이 가능하다고 합니다. 권태영씨의 병으로는 병원에 입원이 불가능하오니 전능하신 하나님의 기적으로 장성병원에 입원을 시켜주시옵소서.'

권태영씨의 아픔이 제 아픔처럼, 꼭 도와달라고 전능하신 하나님께 간청을 히였습니다.

그 후 보름이 지났습니다. 주일날 예배를 드린 후 주보에 보니 '권태영씨 장성병원 505호실에 입원'이라고 광고란에 나와 있었습니다. 주보를 들고 김 집사님을 찾아가서 물어보았습니다.

"권태영씨가 왜 병원에 입원했습니까?"

구역예배를 드리면서 간절하게 기도했던 제목은 까맣게 잊어버리고 있었습니다. 우리 교회 4구역은 영하 20도나 되는 강추위 속에서도 감기 하나 걸리지 않도록 하나님이 지켜주셨기 때문입니다. 자부심이 대단했습니다. 구역식구가 20명이나 되었습니다.

김 집사님께서 하시는 말씀이,

"나도 몰라요. 구역장님이 다녀간 그 이튿날 양복을 입은 신사 한 분이 오셔서 남편을 무조건 따라오라고 하시기에 영문도 모른 채 따라갔는데 장성병원에 입원을 시켜주셨습니다. 나는 아는 사람도 없고 부탁도 하지 않았습니다. 그런데 내 남편을 병원에 입원을 시켜

주었습니다."

그 후 2년을 사시다가 주님의 품으로 돌아가는 모습을 딸들이 보았다고 했습니다. 그리고 매월 생활비가 70% 나라에서 나와서 생활의 염려가 없었고, 돌아가실 때 산재 보상비가 5천만원이 나왔고, 장례비가 200만원이 나왔습니다. 80년도의 그 돈을 현재로 환산하면 10배나 됩니다.

나의 눈물의 기도는 하나님의 마음을 움직였습니다. 홍해가 갈라지는 기적이 실제로 일어나고 있습니다.

"모세가 바다 위로 손을 내밀매 여호와께서 큰 동풍이 밤새도록 바닷물을 물러가게 하시니 물이 갈라져 바다가 마른 땅이 된지라"(출 14:21).

"하나님이 이르시되 내가 반드시 너와 함께 있으리라 네가 그 백성을 애굽에서 인도하여 낸 후에 너희가 이 산에서 하나님을 섬기리니 이것이 내가 너를 보낸 증거니라"(출 3:12).

32. 많이 심으면 많이 거둔다

추운 겨울에 하 집사님 가정에서 구역예배를 드렸는데 예배 후에 큰 상을 펴더니 그 위에다가 수박·참외·바나나·파인애플 등 귀한 여름 과일을 가득 차려놓는 것이었습니다.

1980년도에 강원도 산골짜기에서 여름 과일을 먹어본다는 것은 우리 같은 서민들에게는 그림의 떡이었습니다.

'지금 이 순간이 꿈인가, 생시인가?'

마치 꿈을 꾸는 것 같았습니다. 매일같이 캄캄한 막장 굴속에서 일하다가, 집에 돌아와서 김치찌개와 된장찌개나 먹고 살던 인생이 이런 대접을 받고 보니 마음속에서 눈물이 고이면서 눈시울이 뜨거웠습니다.

"전능하신 아버지 하나님, 하경열 집사님 가정을 마음껏 축복해 주시옵소서."

간절하게 기도하고 모든 구역식구들도 마음껏 먹었습니다.

다음날부터 하 집사님의 과일가게에 손님이 몰려오기 시작했습니다. 나중에는 종업원을 한 명 더 두고 장사를 하더니, 2년 후에는 2억 원을 벌었다고 했습니다.

어느 날 꿈을 꾸었습니다. 내가 자전거를 끌고 고개를 걸어서 넘어가고 있었습니다. 중간쯤에 하 집사님이 쌀가마니를 잔뜩 쌓아놓고 운반할 차를 기다리다가 내가 끌고 가는 자전거를 빌려달라고 하기에 자전거를 빌려주었더니, 작은 자전거에다 80kg이나 되는 쌀을 두 가마니를 싣고 고개를 넘어가는 것이었습니다.

그때부터 하 집사님 가정에 형통의 복이 내려서 장사가 잘되었습니다. 주님께서 앞으로 하 집사님의 사업에 20억을 벌게 해주시겠다고 말씀하셨습니다.

17년이 지난 지금 들리는 소문에 20억을 벌었고 교회에 충성해서 장로님으로 피택이 되었다고 합니다. 하 집사님은 평소와 교회와 주의 종들을 잘 섬겨왔다고 했습니다. 하늘에 계신 전능하신 하나님은 인생들이 말씀에 순종해서 복을 많이 받아 누리기를 기뻐하신다고 성경에 말씀하시고 계십니다.

33. 동서를 구원하신 하나님

사촌동서가 사업에 실패를 하고 집에서 고민하고 있던 차에 집에 화재가 나서 큰 피해를 입었습니다.

동서를 위로해 주기 위해 내가 찾아갔습니다.

"동서, 예수님을 믿으면 좋은 일이 있을 걸세."

나는 진심에서 우러나오는 위로의 말을 건넸는데 돌아오는 말은 차가웠습니다.

"동서, 자네나 잘 믿게. 처형 고생시키지 말고…."

그 말에 기분이 나빴습니다.

'아버지 하나님, 나 이 집에 다시는 오지 않겠습니다.'

속으로 다짐하고 집으로 돌아왔습니다.

며칠이 지났습니다. 낮잠을 자고 있는데 누가 나를 흔들어 깨우는 것이었습니다.

'누가 곤히 잠을 자고 있는데 잠을 깨우는가?'

그냥 누운 채로 눈을 떠서 보니 보기 싫은 동서가 무릎을 꿇고 앉아서 나를 흔들고 있었습니다.

"동서, 일어나게."

기분이 나빠서 눈을 감고 자는 척해버렸습니다. 그러자 이번에는 울면서 말하는 것이었습니다.

"동서, 나 좀 살려주게. 나를 살려주면 예수를 믿겠네."

예수 믿겠다는 말에 정신이 번쩍 나 일어나면서,

"정말인가?"

하고 확인을 하였습니다.

"정말이네."

진심이라는 것을 알고 무릎을 꿇고 간절하게 기도해 주었습니다.

"하나님.아버지, 우리 동서를 마음껏 축복해 주시옵소서."

그리고 나서 교회에 가서 축복기도를 해주었습니다.

그때부터 온 가족이 예수님을 잘 믿게 되었습니다. 부모형제들까지도 예수님을 잘 믿고 복을 많이 받아서 잘살고 교회에 충성하는 일꾼이 되었습니다.

34. 무당을 구원하신 하나님

장원광업소에 다닐 때 가장 친한 친구인 배경철 친구에게 개고기를 사주었습니다. 이튿날 친구 집에 용무가 있어서 갔습니다. 친구는 방에 서 있고 친구의 부인은 마루에 서서 사나운 눈초리로 나를 노려보면서 따지고 덤벼드는 것이었습니다,

"왜 내 남편에게 개고기를 사주어서 내가 섬기는 신이 노하셔서 어젯밤에 싸움이 나서 난리가 나게 했어요?"

나는 기분이 나빠져서, "다시는 오지 않겠습니다." 하고 집으로 돌아와 버렸습니다.

그 후 한 달이 되었습니다. 직장이 그 집 위에 있어서 지나가는 길에 친구의 소식이 궁금해서 친구의 얼굴이나 보고 가겠다고 현관문을 열고 들어가니까 친구 부인이 마루 중앙에 서 있고, 친구는 마루 안쪽에 있는 방에 서서 창문 쪽을 바라보고 서 있었습니다. 한 달 전의 모습과 똑같았습니다.

'이거 진퇴양난일세. 여기까지 와서 친구를 보고 돌아가자니 그렇고, 방으로 들어가자니 마귀 같은 무당이 서 있으니 들어가지도 못하겠고….'

어찌할 바를 몰라 망설이다가 '에라, 모르겠다. 친구의 부인을 피해

서 돌아가면 되겠지.' 하고 마루에 올라가서 친구의 부인을 피해서 돌아가고 있는데, 친구의 부인이 내 손목을 꼭 잡는 것이었습니다. 깜짝 놀라서 생각지도 않은 말이 내 입에서 튀어 나왔습니다. 무당이니까 무시하는 말로 퉁명스럽게 쏘아붙였습니다.

"이 여자가 미쳤나? 남의 손목은 왜 잡는 거요?"

그러자 친구 부인이 말하는 것이었습니다.

"아제요, 내가 미친 것이 아니고요, 내 말을 들어보세요. 아제가 다녀간 이튿날 산에 모셔놓은 산당을 불태워 없애버리고 집에 모셔놓은 신당도 불태워 없애버리고 새벽기도 나간 지가 꼭 한 달 만입니다."

정말 믿어지지 않는 말이었습니다.

'내가 지금 꿈을 꾸고 있는 것일까? 세상에 이런 일도 다 있는가?' 하고 친구 부인의 얼굴을 쳐다보니 빙그레 웃는 그 모습이 마치 예수님께서 웃는 것 같았고 아름다웠습니다. 그 가정을 위해 새벽마다 축복해 달라고 부르짖는 기도를 들으시고, 전능하신 하나님 아버지께서 구원의 열매를 맺게 해주셨습니다.

서울에 와서 전화를 했더니 지금은 여의도 순복음교회에서 권사님이 되셨고, 가족이 예수님을 잘 믿는다는 좋은 소식을 듣게 되어 기쁘고 보람이 있었습니다.

"죄 없는 자가 아니라도 건지시리니 네 손이 깨끗함으로 말미암아 건지심을 받으리라"(욥 22:30).

35.
친구가 너를 위해서 기도한단다

내가 처음 탄광에 와서 태영탄광에 입사했을 때 우리 집 옆에 살면서 친구로서 나의 보호자로서 나와 함께 같이 사우디아라비아에게까지 같이 갔던 유○○ 친구와 함께, 사북에 있는 동원탄좌에도 같이 입사를 했었습니다. 그런데 나는 다리가 아파서 태백시로 넘어오고 친구는 사북에 남아서 종업원의 대표로서 잘 지내고 있었습니다.

어느 날 시장에 나갔다가 그 친구를 만나게 되었습니다. 그 친구의 손에는 주일학교 아동부 공과가 들려져 있었습니다.

"자네 손에 들고 있는 것이 무엇인가?"

"주일학교 공과라네."

"그것을 무엇에 쓰려고…."

"내가 주일학교 교사라네."

"언제부터 예수를 믿었는가?"

"2년 되었네."

친구는 예수님을 믿게 된 사연을 털어놓았습니다.

"막장에서 작업을 하다가 굴이 무너져서 막장에 5m 정도 남겨놓고 다 무너졌다네."

며칠이 지나니까 목이 말라서 소변을 받아서 목을 축이고 사흘째가 되니까 배도 고프고 점점 기운이 빠져서 기진맥진할 때 '죽음이 가까워 오는구나.' 생각하며 사랑하는 아내와 병선, 병호, 사랑하는 두 아들의 얼굴을 그리워하며 한없이 울었다고 합니다.

"5일째 되던 날, 이제 도저히 살아날 가망이 없자 이제 차라리 죽는 것이 편하겠다고 결심하고 자리에서 일어나서 무너지지 말라고 받쳐놓은 나무를 톱으로 자르기 시작했네. 그때 뇌성 같은 하나님의 음성이, '네 친구가 너를 위해 기도하고 있단다. 죽지 않을 것이다.' 하시는 말씀에 자리에 주저앉아서 한없이 울고 있을 때 구조대가 굴을 뚫고 들어와서 구조되었다네."

병원에서 치료를 받고 나와서 그때부터 자장산에 있는 교회에 나가서 수십 명을 교회로 인도하였고, 매주 금요 철야예배 때 앞에 나가서 간증하고 있다고 했습니다.

"저는 굴이 무너져 갱 속에 갇혔을 때 내 친구의 기도로 무사히 구출되었습니다. 내가 죽으려고 할 때 하나님께서 '죽지 말라. 네 친구가 너를 위해 기도하고 있단다.' 하고 말씀하셔서 죽지 않고 살아서 나오게 되었습니다."

이렇게 간증할 때 전 교인들이 은혜를 받았고, 동원탄좌에 소문이 나서 많은 사람이 교회로 나오게 되었다고 합니다. 나는 새벽마다 성령님의 인도하심을 따라서 모두를 축복해 달라고 간절하게 기도했던 것뿐이었는데, 전능하신 하나님은 하늘에서 들으시고 응답해 주셨습니다.

그 후 나는 수원으로 올라와서 신학교에 입학을 하게 되었습니다. 열린문교회 담임목사님과 전도사님, 모든 성도들과 칠보산에 가서 40일 특별기도를 하고 태백에 있는 가정에 갔더니, 그 친구와 내 조카가

왔습니다. 둘이 다 초라한 모습으로 와서 눈물을 글썽거리면서 도움을 청하였습니다.

"친구, 내가 4천만원의 빚이 있어서 어렵다네."

그러나 하나님의 사랑을 깨닫지 못한 터라 물질로 도움을 주지 않고, 무릎을 꿇고 하늘에 계신 아버지 하나님께 마음껏 축복해 달라고 기도할 때 내 마음속에서 긍휼의 눈물이 나왔습니다. 조카에게도 똑같은 기도를 해주었는데, 하나님께서 축복해 주셔서 부자가 되었습니다. 그 후 그 친구와 소식이 끊어졌는데 들리는 소문에 의하면 군산에 가 있다고 했습니다. 교회를 개척할 때 전화를 했더니 고급 피아노를 선물해 주고 갔습니다. 수십억의 축복을 받았다고 했습니다. 그리고 몇 년 후 전화가 왔습니다.

"목사님, 내가 안수집사로 피택되어서 목사님께 제일 먼저 전화드립니다. 다음에 안수식 때 꼭 오셔서 축하해 주십시오."

귀한 소식을 듣게 되어 매우 기뻤습니다.

안수식 때 군산에 내려갔습니다. 시골에 있는 큰 교회였는데, 교회의 담임목사님을 비롯해서 모든 성도들이 내 손을 잡고,

"좋은 일꾼을 보내주셔서 감사합니다."

하고 칭찬을 아끼지 않았습니다. 처음부터 나와 함께 늘 같이 다니더니 죽음에서 살아나고 가난에서 벗어나서 부자가 되어 하나님 나라에 큰 일꾼이 된 것을 보았습니다. 전능하신 하나님의 은혜에 감사와 영광을 돌려드립니다.

"내가 곤고하고 가난한 백성을 네 가운데에 남겨두리니 그들이 여호와의 이름을 의탁하여 보호를 받을지라"(습 3:12).

36. 영광스러운 천국

덕 천탄광 15도 경사진 오르막길에 무거운 짐을 지고 기어 올라가는데, 갑자기 내 속에서 장모님께서 허리가 아파서 구부리고 다니시는 것이 떠오르며 너무 안쓰러웠습니다.

그 순간 내 영이 기도하였습니다.

'아버지 하나님, 장모님께서 허리가 아파서 고생하시는데 고쳐주시든지, 아니면 아버지의 품으로 편안히 돌아가게 하옵소서.'

기도가 끝나고 10분 정도 되었을까.

밖에서 연락이 왔습니다. 장모님이 위독하셔서 안동 성서병원으로 가고 있으니 속히 오라는 전화가 왔습니다. 함께 일하시던 처남과 함께 급히 집으로 내려왔습니다. 장모님께서 이미 소천하셨으니 아내와 처남의 가족들이 먼저 가면서 한번도 남에게 돈을 빌려본 적이 없는 나에게 돈을 꾸어오라고 하고는 차를 타고 가버렸습니다.

이웃집에 사는 박 집사님에게 부탁하였더니 이웃집에 가서 60만원을 금방 빌려왔습니다.

영주에 가는 버스시간이 10분 남았습니다. 터미널까지의 시간이 15분 걸리는데 아무리 빨리 가도 버스는 이미 떠나가 버립니다. 택시를 잡는 시간이 더 걸릴 수도 있으니 어찌해야 좋을지 몰라 쩔쩔매고 있을 때 지혜가 떠올랐습니다. 시장에 가서 택시를 타고 문곡역까지 빨리 가서 버스 앞에 가로질러서 버스의 앞을 막으면 버스를 탈 수 있겠다는 계산이 나왔습니다.

삼거리에 가서 택시를 세워서 타려고 하니까 교통순경이 교통정리를 하고 있었습니다. 택시 기사가,

"여기서 사람을 태우면 벌금을 물게 됩니다."

하고 거절하기에 부탁을 했습니다.

"벌금을 내가 물 테니 나를 태워서 문곡까지 최대한 빨리 가서 버스를 세워주세요."

다행히 교통순경이 우리 쪽을 쳐다보지 않아서 무사히 빠져나가서 전속력으로 달려서 문곡 정류장에 갔더니 버스가 출발하려고 움직이기 시작했습니다. 택시기사에게 차 앞을 가로막으라 하고 나는 재빨리 내려서 움직이는 버스에 탈 수가 있었습니다.

문단역에 도착해서 택시를 타고 처갓집에 가까이 갔을 때 안동 성소병원 응급차가 내 앞서 가고 있었습니다. 장모님의 시신을 방 안에 모셔놓았습니다. 돌아가신 장모님의 얼굴은 살아 계실 때보다도 더 아름답고 평안해 보였습니다. 방에서 나와 마루에 걸터앉아서 지금까지 장모님에게 잘못해 드린 것을 눈물을 흘리며 회개하고 있을 때, 갑자기 하늘문이 열리더니 방에서부터 투명체로 된 큰 통로가 천국에까지 쭉 뻗어 있는 것이 보였습니다. 영혼이 이 통로로 해서 천국까지 가는 것 같았습니다.

천국은 영광스러운 곳이었습니다. 찬란한 빛이 가득했습니다. 보기만 해도 하나님을 찬양할 수밖에 없습니다. 거기에는 아름다운 처녀들이 흰 드레스를 입고 강강수월래 춤을 추고 있었습니다.

'우리 장모님은 성전 터를 300평 바치고 성전을 지을 때 온 가족이 봉사하더니 장모님의 영혼이 저 아름다운 천국에 올라가시는구나. 이 땅에서는 고생도 슬픔도 많았지만 저 영광스러운 천국에서 날마다 기쁘고 즐겁게 춤추고 노래하며 하나님께 영광 돌리며 살게 되시니 얼마나 좋으실까? 그러나 나는 돈 버는 데 급급하기만 하고 온갖 더러운 죄를 짓고 있으니 나 같은 죄인은 아름다운 천국을 쳐다볼 수 있는 자격이 없구나.'
하고 눈을 떴다가 다시 감았지만 다시는 천국이 보이지 않았습니다. 장모님의 장례식은 기쁘고 즐거운 천국의 잔치였습니다.

"보라 내가 속히 오리니 내가 줄 상이 내게 있어 각 사람에게 그가 행한 대로 갚아 주리라"(계 22:12).

"모든 눈물을 그 눈에서 닦아 주시니 다시는 사망이 없고 애통하는 것이나 곡하는 것이나 아픈 것이 다시 있지 아니하리니 처음 것들이 다 지나갔음이러라"(계 21:4).

37. 아내에게 회개하라

하나님께 받은 은혜와 계시는 많았지만 내 속에서 술과 담배 생각이 떠나지를 않았습니다.

해마다 은혜받는 갈문기도원에 가서 3일 금식하며 술·담배가 끊어지기를 기도했습니다.

그러나 기도원에서 집으로 내려오면 기분이 나빠서 술 한 잔, 담배 한 대를 피우게 되면 그때부터 시작이 되어서 정신없이 헤맸습니다. 그러다가 따뜻한 4월이 되면 회사를 그만두고 기도원에 올라가 몇 개월씩 있다가 내려오고, 이런 세월이 계속되었습니다.

아내에 대한 미운 마음이 자리 잡고 있어서 술만 취하면 아내를 괴롭혔습니다. 그런 중에 소화가 안되어 몸에 병이 들어서 빼빼 말라서 불쌍한 인생이 되어 교회에서도 불쌍한 사람으로 낙인이 찍혀 버렸습니다. 올해도 여지없이 술·담배를 끊기 위해 기도원에 올라가서 금식하며 기도를 했지만 위장이 병이 들어서 밥을 제대로 먹지 못해서 몸이 약해져 있었습니다.

밤이 되면 무서움이 와서 두려움에 떨다가 겨우 잠이 들었다가 새벽 종소리에 깨어나서 새벽예배를 드렸습니다. 그러나 원인을 찾지 못했습니다. 능력이 많으신 고 유시학 원장님에게 기도를 매일같이 받았지만 소용이 없었습니다.

어느 날 기도원을 거닐고 있는데 원장님께서 지나가시다가 나를 바라보시면서 말씀하시는 것이었습니다.

"주님께서 회개하라 하시네요."

"금식하며 회개했는데요."

"마누라에게 하라고 하시네요."

"마누라에게 회개했는데요."

"다시 하라고 하시네요."

"그러면 오라고 할까요? 집에 가서 하고 올까요?"

"오라고 하시네요."

나는 당장 전화를 걸어서 아내에게 오라고 했습니다.

아내는 이튿날 당장에 달려왔습니다. 숙소에 가서 회개를 하려고 마음을 먹고 갔는데 내 마음에서 도저히 잘못했다는 말이 나오지 않아서 마주 보고 한참동안 망설이다가 하나님께 약속을 하였으니 약속은 지켜야 되겠는데 죽을 지경이었습니다.

◀ 헌신적인 아내

얼마 동안 침묵이 흘렀습니다. 마지못해서 아내의 무릎을 손으로 툭 치면서 "어이, 미안해." 이 한마디가 전부였습니다. 그리고 난 다음 아내를 데리고 범굴 위에 이 나라, 이 민족을 축복해주신 자리에 올라가서 무릎을 꿇었습니다. 아내도 옆자리에 낙엽을 깔고 무릎을 꿇었습니다. 무릎을 꿇고 아내의 손을 잡고, "선을 볼 때부터 지금까지 아내의 마음을 아프게 한 일이 많았습니다." 하고 눈물을 흘리며 기도를 했습니다.

기도를 마치고 일어나서 아내는 앞서서 내려가고 나는 뒤따라서 내려가고 있는데, 내 가슴이 확 열리더니 기쁨이 솟아나왔습니다. 양팔을 벌리고 훨훨 춤을 추면서 나비처럼 날아서 숙소에까지 내려왔습니다.

숙소에 내려와서 아내는 찌그러진 시커먼 큰 냄비에다 밥을 지어서 내 앞에 놓았습니다. 냄비 속에 담긴 밥이 자그마치 3–4인분이 되는 것 같았습니다. 배가 고팠지만 밥을 보는 순간, '아이고, 이제 죽었구나. 아내가 내려가면 나 혼자서 일주일을 먹어도 다 못 먹겠네. 죽을 먹어도 소화가 되지 않아 죽을 지경인데….' 하고 생각하면서 먹기 시작했습니다.

정신없이 밥을 먹다 보니 아내는 구경만 하고 있었습니다. 그 많은 밥을 순식간에 다 먹고 나니 큰 냄비가 비어 있었습니다. 그러나 내 뱃속은 비어 있는 것같이 허전했습니다. 그 많은 밥이 어디로 갔는지 밥이 몇 그릇이 더 있어도 더 먹을 것 같았습니다.

아내는 기쁜 마음으로 집으로 돌아갔습니다. 그때부터 밥을 많이 먹어도 소화가 잘되었습니다. 그러나 날이 저물고 어두운 밤이 깊어가면 혼자서 무서워서 잠을 이루지 못했습니다. 온 밤을 뜬눈으로 지새우다가 새벽예배를 드릴 때가 많았습니다. 무서움을 생각하면서 자리에 누워 나도 모르게 잠이 들었는데 새벽 종소리에 깨어서 일어나 보니 심령이 맑고 깨끗하고 기뻤습니다. 그때부터 위장병과 잠잘 때의 무서운 병이 없어지고 소화도 잘되었습니다. 병원에서도 못 고치고 약으로도 못 고치던 병을 죄를 회개할 때, 치료받는 것이 아니라 거짓말같이 사라져 버렸습니다.

"여호와의 진노가 내 마음의 뜻하는 바를 행하여 이루기까지는 그치지 아니하나니 너희가 끝날에 그것을 완전히 깨달으리라"(렘 23: 20).

"너희가 이런 일도 행하나니 곧 눈물과 울음과 탄식으로 여호와의 제단을 가리게 하는도다 그러므로 여호와께서 다시는 너희의 봉헌물을 돌아보지도 아니하시며 그것을 너희 손에서 기꺼이 받지도 아니하시거늘 너희는 이르기를 어찌 됨이니이까 하는도다 이는 너와 네가 어려서 맞이한 아내 사이에 여호와께서 증인이 되시기 때문이라 그는 네 짝이요 너와 서약한 아내로되 네가 그에게 거짓을 행하였도다 그에게는 영이 충만하였으나 오직 하나를 만들지 아니하셨느냐 어찌하여 하나만 만드셨느냐 이는 경건한 자손을 얻고자 하심이라 그러므로 네 심령을 삼가 지켜 어려서 맞이한 아내에게 거짓을 행하지 말지니라 이스라엘의 하나님 여호와가 이르노니 나는 이혼하는 것과 옷으로 학대를 가리는 자를 미워하노라 만군의 여호와의 말이니라 그러므로 너희 심령을 삼가 지켜 거짓을 행하지 말지니라"(말 2:13-16).

38. 재일동포 지문날인

텔레비전에 보니까 일본에 사는 재일동포에게 외국인에 대한 어떤 제약이 필요해서 지문날인을 강요했습니다. 아무런 힘이 없는 재일동포로서는 반항할 수 있는 힘도 근거도 없었습니다. 일본 사람들이 하라는 대로 할 수밖에 없었습니다.

그러나 내 마음은 아팠습니다. 일제 36년 동안 나라를 빼앗기고 내 조국의 이름도 일본 이름으로 바꿔야 하고 언어조차 일본말로 바꿔서 말을 해야 하는 나라 잃은 슬픔이 이만저만이 아니었습니다. 강제징용으로 끌려가서 총알받이가 되어야 했고 강제노동자로 끌려가서 일본 아오지 탄광에서 굶주리며 강제노역을 하다가 생을 마친 우리의 선조들의 아픔이 있고, 일본군의 성노리갯감이 된 처녀들, 사악한 일본 사람들의 만행이 이루 말할 수 없이 우리나라와 민족이 일본군의 총칼 앞에 무릎을 꿇고 노예생활을 하다가 미국의 도움으로 광복이 되었는데 얼마 못 가서 일본인들의 사악한 악의 근성이 드러나서 재일동포들을 말살하려고 하니 힘이 없는 민족의 서러움이 복받쳐 울었습니다.

그리고 교회에 새벽에 나가 마음속에서 솟아오르는 아픔의 눈물로 간절하게 부르짖어 기도를 했습니다. "전능하신 하나님 아버지시여, 우리 민족을 불쌍히 여겨 주시옵소서. 우리 위해 싸워 주시옵소서." 일주일을 부르짖으며 기도했습니다. 새벽기도를 마치고 집에 돌아와서 텔레비전을 켜보니 일본 고베에 대지진이 일어나서 고베항과 시내가 폐허가 되고 수십만 명이 죽었다는 보도가 나왔습니다. 그 후로 재일동포 지문날인이 사라져 버렸습니다. 2년 후 또 지문날인을 하라는 명령이 내렸습니다. 이번에도 교회에 가서 "하나님, 우리 위해 대신 싸워주시옵소서." 일주일 동안 애절하게 기도를 드렸습니다. 이번에는 페루인지 칠레인지 모르나 일본 천황 생일날 대사관 점령사건이 일어나서 지금까지 재일동포 지문날인이 사라졌습니다.

2010년 독도는 일본 땅이라고 덤벼들 때 전능하신 하나님께 맡기는 기도를 드렸습니다. 후쿠시마에 지진과 쓰나미가 일어나서 폐허가 되어버리고 수만 명이 사망했습니다. 그리고 원자로가 폭발하여 일본 전역이 공포에 떨어야 했습니다. 7km 이내에는 사람이 살 수 없다고 했습니다. 인정이 많은 우리 국민이 성금을 모아 전달하고 있는데 이번에 또 독도가 자기네 영토라고 떠들어대더니 태풍 2개가 일본을 강타하는 바람에 일본이 쑥대밭이 되어버렸습니다. 하나님이 징계하실 때 마음을 강팍케 하고 심판하셨습니다.

"내가 애굽 사람들의 마음을 완악하게 할 것인즉 그들이 그 뒤를 따라 들어갈 것이라 내가 바로와 그의 모든 군대와 그의 병거와 마병으로 말미암아 영광을 얻으리니"(출 14:17).

"내가 바로와 그의 병거와 마병으로 말미암아 영광을 얻을 때에야 애굽 사람들이 나를 여호와인 줄 알리라 하시더니"(출 14:18).

"여호와께서 너희를 위하여 싸우시리니 너희는 가만히 있을지니라"(출 14:14).

39.
인생의 달란트

매일같이 공기가 탁하고 화약연기와 탄가루를 마시면서 세월을 보내다 보니 33세 내 젊음이 아까운 생각이 들었습니다. 교회 앞에서 복음성가 테이프 두 개를 구입하고 나니 밤낮으로 듣고 싶었습니다. 이틀 동안 밤낮으로 듣다가 보니 갑자기 오산리 금식기도원으로 가고 싶어졌습니다.

 태백역에서 기차를 타고 청량리역에서 전철을 타고 영등포역에서 버스를 타고 여의도순복음교회 앞에서 내려서 길을 건너가면서 앞서 가는 여자분에게 오산리 기도원 가는 버스를 타는 곳을 가르쳐달라고 했습니다. 그분이 여의도순복음교회 권사님이라고 자기소개를 하시면서 이왕에 오셨으니 세미나가 있는데 들어보시지 않겠느냐고 하시기에 권사님을 따라갔습니다. 좌석이 없어서 돌아가려고 하니까 어떤 여자 성도에게 자리를 양보해 달라고 해서 앉아서 조용기 목사님의 강의를 듣는 가운데 목사님께서 한 시간 기도하면 마귀의 졸병이 나가고, 2시간 기도하면 마귀의 중대장이 나가고, 3시간 기도하면 마귀의 대장이 "야, 이 새끼! 내가 너한테 더러워서 못 살겠다."고 하면서 떠나가고 난 다음, 성령님의 역사하심으로 2시간 힘차게 기도하고 나면 허리가 꺾여서 "아이고, 나 죽겠네." 하면서 마룻바닥에 나뒹군다고 하시기에 '나와 같은 사람이 있구나.' 하고 은혜를 받고 기도에 대한 방법을 배운 다음, 오산리기도원 버스를 타고 기도원에 도착한 다음 금식을 시작했습니다. 얼마 되지는 않지만 내 주머니에 있는 것을 다 바치고 나니 집에 가는 차비만 남았습니다.

예배시간마다 이틀 동안 배운 복음성가만 부르는데 내 속에서 기쁨이 넘쳤습니다. 3일 동안 괴로움도 슬픔도 없는 아름다운 천국이 내 속에서 이루어졌습니다. 예배 때마다 춤추고 찬양했습니다.

금식을 마치고 주일날 기도원에서 출발하여 여의도 순복음교회에 가서 예배를 드리기 위해 버스에 몸을 싣고 차창에 기대서 멍하니 밖을 내다보면서 '서울은 아름답고 사람들도 멋있구나. 그러나 나는 어디로 가나? 사지구덩이인 막장으로밖에 갈 곳이 없구나. 내 젊음을 탄광에서 썩이기는 너무나도 아깝구나.' 하고 생각하니 내 자신이 불쌍해 눈물이 났습니다.

그때 내 속에서 우레에 같은 음성이 들려왔습니다.

"네 자신을 알아라. 네가 배운 것이 있느냐, 배운 기술이 있느냐? 서울에 와서 돈 몇십만원 가지고 자녀들을 어떻게 키우겠느냐?" 하실 때 지금까지 이 생각, 저 생각, 이럴까, 저럴까 하는 생각이 순식간에 사라지고, '아, 맞다. 내가 배운 것이 있나, 배운 기술이 있나? 송충이는 솔잎을 먹고 살아야지. 내 고향으로 돌아가자. 열심히 일하다 보면 좋은 곳으로 옮겨주시겠지. 내 고향 막장으로 돌아가자.' 하고 마음을 바꾸니까 마음이 편해졌습니다.

어느덧 버스는 여의도순복음교회 앞에 도착했습니다. 마침 예배시간이라 예배를 드리려고 성전 2층에 올라가서 앉으니까 예배가 끝나고 병을 치료하는 시간이 되었습니다. "기관지염이 고쳐졌습니다." 할 때

고침받은 성도가 자리에서 일어나서 하나님께 영광을 돌렸습니다. 다음에는 "간염이 치료받았습니다." 할 때 아무도 손을 들지 않았습니다. 장성병원에서 피를 검사할 때 간염이라고 판정을 받았지만 믿어지지 않아서 그냥 앉아 있었더니 "없습니까?" 하시면서 실망하시는 것 같았습니다. 집에 돌아와서 장성병원에 가서 신체검사를 해보니 간염이 깨끗이 치료되었습니다.

　이튿날 회사에 출근해서 막장에 들어갔습니다. 이전에 굴이 무너질까 봐 항상 두렵고 시간이 지루하고 일이 재미가 없었습니다. 그러나 오늘은 기쁘고 즐거웠습니다. 마음에 평안이 왔습니다. 그때 내 속에서 '호텔보다 낫다.' 하는 기쁨의 소리가 들려왔습니다. 전에는 하루가 지겨워서 '언제 시간이 가나?' 하고 시계만 쳐다보았는데 일이 재미가 있으니 시간이 언제 갔는지도 몰랐습니다. 가쁘고 즐겁게 열심히 하다 보니 밖에서 사무를 보는 검탄자리로 옮겨주셨습니다. 인생에는 달란트가 있다는 것을 깨닫고 나니 삶의 표준이 달라졌습니다.

　이 진리를 감옥에 있는 재소자에게 편지를 썼더니 새사람이 되어가는 모습을 보았습니다. 대부분의 사람들이 인생의 달란트를 찾지 못해 유행 따라 가다가 인생을 허비하는 사람들이 많았습니다. 심지어 대학에 들어가서 법관이 되겠다고 공부하다가 병이 들어서 정신병원에서 일생을 마치는 사람이 얼마나 많은지 모릅니다.

　하나님께서 모든 만물을 지으실 때 목적을 두고 만드신다고 성경에 기록되어 있습니다. 자기의 인생의 사명을 잘 감당하면 기쁨을 주시고 행복을 주시고 멋있게 일하다가 하나님 앞에 설 때 칭찬을 받게 된다고 하셨습니다. 일하기 싫거든 먹지 말라고 말씀하셨습니다.

"곧 창세 전에 그리스도 안에서 우리를 택하사 우리로 사랑 안에서 그 앞에 거룩하고 흠이 없게 하시려고"(엡 1:4).

"그 기쁘신 뜻대로 우리를 예정하사 예수 그리스도로 말미암아 자기의 아들들이 되게 하셨으니"(엡 1:5).

"이는 그가 사랑하시는 자 안에서 우리에게 거저 주시는 바 그의 은혜의 영광을 찬송하게 하려는 것이라"(엡 1:6).

40. 내 빚 좀 갚아주세요

술과 담배를 끊고 새사람이 되려고 해마다 꽃이 피고 화창한 4월이 되면, 처음 예수님을 만나고 은혜받았던 갈문기도원으로 가서 몇 개월씩 기도하고 집으로 돌아와서 직장이 없어서 쉬다 보니, 탄광에서 벌어 모은 돈과 사우디아라비아에서 벌어온 돈이 다 떨어지고 빚을 지게 되어 생활이 어려웠습니다.

들어가기 힘든 함태탄광에 하나님의 은혜로 좋은 일자리에 들어갔으나 몹시 쇠약해서 포기하고, 회사와 아내에게도 상의하지 않고 갈분기도원으로 도망을 가야 했습니다. 함태 회사와 아내가 난리가 났습니다. 그 자리가 어떤 자리인데, 그 자리에 얼마나 어렵게 들어갔는데, 복지도 잘되어 있고 월급도 많고 보너스도 많은데 세상적으로는 부자가 될 수 있는 자리였습니다.

그러나 나에게는 아무런 가치가 없었습니다. 몸이 아파서 마음대로 기도할 수도 없고 일하는 것이 괴롭기만 했습니다. 부귀영화가 아무런 가치가 없었습니다.

저녁 7시 예배시간에 기도원에 도착해서 예배 중에 들어가는데, 말씀을 전하시던 강시원 장로님께서 가정과 직장을 버리고 왜 왔느냐고 호통을 치시는데 주님께서 저에게 꾸짖으시는 말씀이었습니다.

'주님께서 저를 꾸짖으셔도 좋습니다. 더 이상 못하겠습니다.'

나는 속으로 체념해 버렸습니다. 이튿날부터 금식을 하기로 작정하였습니다. 금식을 하기로 했는데 옆방에 남편과 생활하고 있던 주○○ 집사님께서 쇠고기 장조림에다 하얀 쌀밥을 해놓고 나를 대접하였습니다. 쇠고기 장조림을 먹어본 지가 오래 되었기에 먹고 싶었습니다. 낮에는 맛있는 음식을 먹고 저녁부터 하기로 하고 맛있게 잘 먹었습니다.

그런데 숟가락을 내려놓는 순간 몸이 으슬으슬 춥기 시작했습니다. 몸살감기인 것 같아서 연탄불로 방을 뜨겁게 달구어서 이불을 덮어쓰고 몸을 녹여보았지만 소용이 없었습니다. 산에 올라가서 은혜를 받은 자리에서 기도를 했지만 몸은 춥고 아팠습니다.

방에 이불을 덮고 끙끙 앓으면서, '아이고, 큰일났네. 내가 아프면 기도원의 망신인데 하나님 영광 가리우게 생겼네.' 하고 한 가지 더 고민이 생겼습니다. 자리에 누워서 성경을 보다가 이사야 58장 6절 말씀을 묵상했습니다.

> "내가 기뻐하는 금식은 흉악의 결박을 풀어 주며 멍에의 줄을 끌러 주며 압제 당하는 자를 자유하게 하며 모든 멍에를 꺾는 것이 아니겠느냐"(사 58:6).

'하나님, 나 같은 인생에게도 이 같은 말씀이 해당이 됩니까. 그러면 저녁부터 금식하겠습니다.'

하는 순간, 언제 아팠느냐는 듯 거짓말같이 아픔과 추웠던 것이 깨끗이 없어졌습니다.

3일 동안 금식을 하면서 울며 부르짖었습니다.

"전능하신 하나님 아버지, 제 빚 좀 갚아주시옵소서. 괴롭고 슬프니다. 잘살아보려고 죽음이 기다리는 갱 속에서 고통과 괴로움을 참고 열심히 일해서 벌어놓은 돈, 열사의 나라 사우디아라비아에서 영상 61도에서 땀과 눈물을 흘리며 벌어놓은 돈, 얼마 되지 않지만 사람들에게 속아서 다 잃어버리고 이제는 몸도 마음도 병이 들어서 일도 못하고 빚이 져서 아내와 자식들이 고생하고 있사오니 아버지여, 이 자식을 불쌍히 여기사 빚 좀 갚아주시옵소서."

교회에 가서 울며 기도하고 산에 올라가서 울며 부르짖었습니다. 3일째 마지막 날 새벽예배가 끝나고 기도하던 중,

"두경아, 내가 너의 빚을 갚아주마."

하시는 주님의 음성이 들려왔습니다.

그 후 보름이 지났습니다. 아내가 생활비를 가지고 기도원으로 올라왔습니다. 얼굴을 보니 피로한 기색이 있어서 마음이 아팠습니다. 아내에게 나도 모르게 질문을 했습니다.

"여보, 장사가 잘되지요?"

했더니 고개를 끄덕였습니다. 거기에는 하나님의 통치하시는 섭리가 담겨 있었습니다. 삼척에 있는 어묵공장 사장이 와서 도매사업을 해보라고 해서 시작했는데, 이 공장이 장사가 안되어 문 닫을 준비를 하고 있다는 것이었습니다. 아내에게 장사를 권유해서 남의 집 장사하는 가게와 가게 사이에 종이를 깔아놓고 어묵을 펼쳐놓고 판매를 하니 하루에 2, 3천원을 벌었다고 했습니다. 철암에도 어묵공장이 있었는데 경쟁이 벌어져서 서로가 망하기 직전이 되고 말았습니다.

한 달이 지나서 기도원에서 내려와서 보니 아내가 장사하는 자리에 사람이 인산인해였습니다. 물건을 사려고 들어갈 틈이 없었습니다. 철암에 있는 어묵공장이 적자로 문을 닫게 되니 그 공장의 손님이 다 아

내에게 몰려왔습니다. 그러니 장사가 잘될 수밖에 없었습니다. 이전에는 어묵을 반 포대씩 팔아서 2, 3천원 벌어서 세 자녀 공부시키고 가정을 꾸려 나갔는데, 이제는 하루에 어묵을 7포씩 팔아서 몇십 배의 수입을 올리게 되었습니다.

3일 동안 금식하면서 눈물로 간절히 빚 좀 갚아달라고 하나님께 간절하게 기도를 드렸더니,

"두경아, 내가 너의 빚을 갚아주마."

하신 하나님의 음성을 듣고 난 다음 하나님이 일하시니까 장사가 잘되었던 것입니다. 망해가던 어묵 공장이 다시 일어서서 부자가 되었습니다. 어묵 사장님이 나에게 1톤 트럭을 사줄 테니 어묵을 배달하게 되면 돈을 많이 벌 수 있다고 했지만 운전이 겁이 나서 거절하고 말았습니다.

쇠고기 장조림이 먹고 싶어서 먹었다가 하나님께 혼이 난 적이 있었는데 어묵 사장님이 수금하려고 오셨다가 쇠고기를 다섯 근씩 1년 동안 사주었습니다. 쇠고기에 대한 갈증도 없어지고, 장사가 잘되어 빚을 다 갚고 저축하게 되었습니다. TV·냉장고·세탁기도 어묵 사장님이 고맙다며 사주었습니다. 부족함이 없도록 전능하신 하나님 아버지께서 다 해결해 주셨습니다.

"여호와가 너를 항상 인도하여 메마른 곳에서도 네 영혼을 만족하게 하며 네 뼈를 견고하게 하리니 너는 물 댄 동산 같겠고 물이 끊어지지 아니하는 샘 같을 것이라"(사 58:11).

41. 규폐를 치료하신 하나님

영월에 있는 태백기도원으로 술·담배를 끊으려고 갔습니다. 수많은 환자들이 치료를 받기 위해서 몰려왔습니다. 심지어는 일본과 미국에서도 와서 벙어리가 말을 하고 꼽추가 펴지고, 곰보가 낫고 습진과 나병환자가 치료받는 것을 목격하게 되었습니다.

나에게도 여러 가지 질병이 있기에 매일같이 기도를 받았습니다. 기도원 뒤편에 우뚝 솟은 높은 산이 있었습니다. 어디를 가든지 제일 높은 곳에서 기도하고 싶은 열망이 있어서 거기 올라가서 기도하고 싶은데 몸이 피곤해서 용기가 나지 않았습니다. 저 높은 곳을 향해 늘 바라보면서 마음에 소원을 가졌습니다.

따뜻한 봄날이었습니다. 점심식사를 마치고 속으로 기도하면서 숙소를 향해 걸어 올라갔습니다. 그런데 이상한 것은 눈을 떠보니 산 입구에 와 있는 것이었습니다.

'이왕에 이곳까지 왔으니 시도나 해보자.' 하고 천천히 산 정상을 향하여 걸어 올라갔습니다. 산 정상을 앞에 놓고 몸이 나른하고 힘이 없어서 주저앉고 말았습니다.

'이곳까지 왔으니 내려갈 수도 없고, 올라가자니 힘이 없고…. 어떻게 하면 좋을까?'

괴로운 마음이었습니다. 이렇게 할까, 저렇게 할까 망설이고 앉아 있을 때 주님께서,

"나는 십자가를 지고 골고다 언덕을 죽으려고 걸어 올라갔지만 너는 저곳에 올라가게 되면 좋은 일이 있을 텐데…."

하고 말씀하셨습니다. 하는 수 없이 지팡이를 만들어서 짚고 일어나서 가파른 산을 올라가기 시작했습니다.

그러나 몇 발자국 올라가다가 아래로 미끄러져 내려갔습니다. 몸에 기운이 없어서 죽을 지경인데 계속 미끄러져서 내려오니 고통스러웠습니다. 몸이 괴롭지만 죽을힘을 다해서 기어 올라가기 시작했습니다. 산 능선에는 발을 디딜 틈이 없는 칼바위를 간신히 벗어나서 산 정상에 올라갈 수 있었습니다.

산 정상에 올라서니 마치 무엇을 정복한 것 같은 기쁨이 넘쳐서 두 손을 들고 "할렐루야! 하나님, 감사합니다!" 하고 외쳤습니다. 수많은 산봉우리들이 내 발아래에 놓여 있었습니다. 무릎을 꿇고 마음껏 부르짖어 감사기도를 드리고 산을 내려다보니 기도원 교회가 저 멀리 까마득하게 보였습니다.

'저 먼데를 어떻게 내려갈까?'

걱정이 앞섰습니다. 자갈이 깔린 가파른 비탈길을 조심조심 내려가기 시작했습니다. 조금 후에 내 몸이 가벼워지면서 마치 새가 날 듯이 뛰어서 교회에까지 갔습니다. 올라갈 때는 2시간 이상 소요되었는데 내려올 때는 10분도 채 걸리지 않았습니다.

교회에 들어가서 무릎을 꿇고 기도를 시작했습니다. 갑자기 폐에서 기침이 나왔습니다. 폐 속에서 기침이 나오니까 조절이 되지 않았습니다. 옆에서 기도하는 성도들에게 방해가 될까 봐 미안한 마음이 들었

습니다. 기침은 계속 나오는데, 뜨거운 불이 가슴 위에서 아래로 올라갔다 내려갔다 하면서 폐를 치료하고 있었습니다. 막장에서 탄가루와 돌가루가 폐에 붙어서 폐가 썩어가고 있었습니다.

보름 동안 뜨거운 불이 오르내리며 폐를 태우더니 보름이 지나니까 거짓말처럼 뚝 그쳤습니다. 목소리가 맑고 깨끗해졌습니다. 집에 볼일이 있어서 내려가서 장성병원에 가서 X레이를 찍어 보니 규폐가 깨끗이 치료가 되었습니다.

규폐는 약으로는 못 고치는 불치의 병입니다. 그러나 전능하신 하나님은 고치셨습니다. 그것은 그냥 되는 것이 아니라 주님께 가까이 가고 싶은 믿음을 보시고 산에 오르게 하시고 약해서 쓰러질 때 "나는 끌고나 언덕에 십자가를 싫어시고 죽으려고 올라갔시반, 너는 서곳에 올라가면 좋은 일이 있을 것인데…." 하시는 주님의 음성을 듣고 순종하였더니 불치의 병을 고쳐주셨습니다.

30년이 지난 후, 안산 중앙병원에 가서 X레이 검사를 받았더니 폐가 깨끗했습니다. 주님을 믿고 바라보는 자는 주님께서 만나주시고 원하는 소원을 이루어 주실 것입니다.

"다만 예수의 옷자락에라도 손을 대게 하시기를 간구하니 손을 대는 자는 다 나음을 얻으니라"(마 14:36).

"눈물을 흘리며 씨를 뿌리는 자는 기쁨으로 거두리로다"(시 126:5).

42. 생활비 반을 드려라

기도원에 온 지 벌써 수개월이 지났습니다. 매일같이 이옥희 원장님에게 기도를 받으며 주님의 인도하심을 따라서 순종할 때에 규폐를 치료해 주셨습니다. 그러나 술·담배는 끊지 못했습니다.

주님께서 이번에는,

"생활비의 반을 하나님께 드려라."

하고 말씀하셨습니다. 생활비를 반을 드리고 나면 보름은 굶어야 했습니다.

'지금까지 5일 금식도 힘이 들어서 애를 먹었는데 보름을 금식해야 하다니…!'

보통 일이 아니었습니다. 하루가 가고 이틀이 가고 사흘이 가면서 아내에게서 생활비가 오는 날이 점점 더 가까이 다가오고 있었습니다. 내일이면 돈이 도착하는 날, 고민고민하다가 최종결론을 내려서, 한 달 동안 아침 금식을 하기로 작정했습니다.

드디어 생활비가 도착하였습니다. 생활비 반을 하나님께 드리고 나니까 자취를 하고 있던 여집사님들이 오곡밥을 갖다 주었습니다. 또 다른 집사님은 쇠고깃국을, 어떤 집사님은 생선 통조림을 가져왔습니다. 채소 반찬만 먹었는데 갑자기 진수성찬으로 대접을 받게 되었습니다. 식사 때마다 내 손으로 아무런 음식도 하지 않았습니다.

하루가 가고 이틀이 가고 매일같이 맛있는 음식이 들어왔습니다. 내가 요리해 놓은 오이반찬은 그대로 익어가고 있었습니다.

어느덧 한 달이 되었습니다. 갑자기 하나님의 말씀이 생각이 났습니다. 사랑 외에는 빚지지 말라고 말씀하셨습니다. 그래서 지금까지 나에게 밥과 반찬을 대접했던 집사님들께,

"왜 나에게 맛있는 음식으로 대접하셨나요?"

하고 질문하였더니 집사님들께서 "나도 몰라요. 왜 대접하였는지 모르겠어요. 대접할 때 기뻤습니다." 하실 때,

'내가 지금 꿈을 꾸고 있는 것일까? 하나님 아버지께서 나를 이토록 사랑하시다니! 이런 기쁨을 누구에게 말해야 좋을지! 기적이란 것이 이런 것인가?'

언제나 혼자서 외롭고 힘이 들기만 하였는데 하나님의 은혜를 받고 보니 외로움도 힘든 것도 다 사라져 버리고, 하늘에 계신 하나님의 보좌를 바라보며 감사하며 찬송이 저절로 나왔습니다.

생활비의 반을 드리고 남은 돈은 한푼도 쓰지 않고 그대로 남아 있는 것이었습니다. 아브라함에게 이삭을 바치라고 하실 때 아브라함이 순종하여 믿음의 조상이라는 칭호를 받게 되었던 것처럼, 나에게도 큰 은혜를 내려주신 하나님께 감사와 영광을 돌려드립니다.

그 후 10년이 지난 후, 아내와 다른 교회 김 집사님과 셋이서 기도하려고 갔습니다. 월요일부터 토요일까지 6일 동안 기도하기로 하고 생활비는 내가 관리하게 되었습니다.

기도원에 입소한 첫날 주님께서 생활비 반을 드리라고 말씀하시는 것이었습니다.

'생활비 반을 드리고 나면 3일밖에 기도할 수 없는데, 나 혼자도 아니고 어떻게 하면 좋을까?'

고민하고 있을 때 지난날 나에게 베풀어 주셨던 은혜를 생각하면서 기쁜 마음으로 반을 하나님께 드리게 되었습니다.

그날부터 옆방에서 생활하시는 돈이 많은 권사님께서 맛있는 밥과 반찬을 갖다 주었습니다. 6일 동안 우리는 한번도 식사를 준비하지 않고 대접만 받아가면서 주님의 은혜 가운데 기도하고 주머니에는 주님께 드리고 남은 돈은 그대로 남겨서 집으로 돌아오게 되었습니다.

집으로 오려고 할 때 시외버스 터미널까지 남편 장로님께서 자가용으로 태워다 주었습니다. 우리가 하나님 앞에서 더 이상 무슨 은혜를 구하겠습니까. 하나님의 명령에 순종했더니 전능하신 능력으로 우리에게 필요한 것을 넉넉히 채워주셨습니다.

"사무엘이 이르되 여호와께서 번제와 다른 제사를 그의 목소리를 청종하는 것을 좋아하심같이 좋아하시겠나이까 순종이 제사보다 낫고 듣는 것이 숫양의 기름보다 나으니"(삼상 15:22).

43.
술과 담배를
끊게 하신 하나님

생활비의 반을 드리라는 주님의 말씀에 순종하고 일주일이 지났습니다.

"주님, 집사가 되었어도 술·담배를 숨어서 사람들 몰래 마시고 피우니 창피스럽네요."

고백하고 잠이 들었습니다. 꿈에 나같이 생긴 청년이 술에 만취가 되어서 비틀거리며 걸어오는 것을 돌로 머리를 때려서 죽여 버렸습니다. 이튿날 잠에서 깨어보니 가슴 속이 구멍이 뻥 뚫린 듯 허전하였습니다.

'술마귀가 내게서 떠나갔구나.'

하는 깨달음이 왔습니다. 또

"주님, 담배도 끊게 해주세요."

하고 잠이 들었습니다.

이번에는 어젯밤에 술 취한 청년같이 생긴 사람이 불이 붙은 담배를 열 손가락 사이에 끼워서 신나게 피우면서 오다가 내가 버티고 서 있으니까 뒤로 물러가다가 맑고 깊은 물에 풍덩 빠져서 죽어 버렸습니다. 꿈속에서도 '담배가 물에 젖었으니 이제 영원히 불이 붙지 않겠네?' 하다가 잠에서 깨어보니 가슴속이 더 허전하고 비어 있었습니다.

수십 년 동안 나를 괴롭히던 마귀가 자기 집에서 떠나가 버렸습니다.

그 후로는 술·담배 생각이 영원히 나지 않았습니다. 술·담배를 끊을 필요가 없었습니다. 그래서 사람 속에 욕심을 죄와 마귀가 조종하고 있다는 것을 깨달았습니다.

내가 술·담배를 끊으니까 술·담배를 많이 하시던 아버지와 형님·매형들도 끊어졌습니다. 그리고 나를 만나면 술·담배가 끊어지는 사람이 많이 있었습니다. 돌이켜보니 술·담배 마귀는 나를 주님께로 인도하는 길잡이였고, 능력을 받도록 도와주는 역할을 하였습니다. 만약에 술·담배로 폐인이 되지 않았더라면 예수님을 믿지도 않았을 것이고, 해마다 기도원에 가서 술·담배를 끊기 위해서 금식하며 기도하지 않았을 것입니다. 우리는 어떠한 사람도 정죄해서는 안될 것입니다.

"입으로 들어가는 것이 사람을 더럽게 하는 것이 아니라 입에서 나오는 그것이 사람을 더럽게 하는 것이니라"(마 15:11).

"마음에서 나오는 것은 악한 생각과 살인과 간음과 음란과 도둑질과 거짓 증언과 비방이니"(마 15:19).

44. 소련 공산체제가 무너지다

태 백기도원에서 주님의 은혜를 받은 다음, 1990년 7월 낮 3시, 갈분기도원 구국의 제단에서 무릎을 꿇고 기도했습니다.

'하늘에 계신 하나님 아버지, 내 손을 잡아주시옵소서. 도와주시옵소서. 이 나라, 이 민족을 불쌍히 여기사 소련의 공산체제가 무너지게 하시고 우리에게 무릎을 꿇도록 기적을 나타내 주시옵소서.'

혹시나 하나님을 시험하는 기도가 아닌가 두려웠습니다. 그러나 제 마음 깊은 곳에서 눈물이 솟아 올라왔습니다. 내 눈에서는 눈물이 흘러내리고 있었습니다. 약한 민족의 아픔과 서러움이 있었기에 하늘에 계신 전능하신 신에게 도움을 요청하는 애절한 기도였습니다.

왜냐하면 1983년 9월 1일 대한항공 747기가 사할린 상공에서 소련의 전투기의 미사일에 맞아 격추되었습니다. 사할린의 차가운 바다에 추락해 탑승자 269명 전원이 목숨을 잃었습니다. 추락지점에서 발견된 시신은 겨우 7구뿐이었습니다.

그러나 우리나라는 항의 한번 제대로 하지 못하고 벙어리 냉가슴 앓듯이 아픔을 참을 수밖에 없었습니다. 우리의 우방인 강대국 미국도 해결해 주지 못했습니다. 나도 모르게 갑자기 생각이 나더니 구국의 제단으로 가서 두 무릎을 꿇고 전능하신 신이신 하나님께 억울함을 호

소했던 것입니다.

7일간의 간절한 눈물의 기도를 엘리야처럼 조국의 아픔을 안고 기도를 올려드리고 난 후, 아무런 기대와 소망도 갖지 않고 잊어버리고 내 사명만 열심히 감당하고 있었습니다.

1991년 12월에 소련의 공산체제가 소리 없이 무너져내렸습니다. 자유를 얻기 위해 폴란드·체코·헝가리 등 동유럽 국가들이 피를 흘리며 투쟁하였지만 소련의 탱크 앞에 무릎을 꿇고 말았습니다. 그러나 총 한 방 쏘지 않고 피 한 방울 흘리지 않고 자유를 얻게 되었습니다. 공산체제가 무너지니까 소련의 국민들이 먹을 양식이 없어서 빵 한 조각을 사기 위해, 영하 40도나 되는 강추위에 4시간씩 줄을 서서 기다리는 모습을 텔레비전에서 보았습니다.

소련의 고르바초프 대통령이 제주도에 날아와서 경제원조를 해달라고 회담을 하고 난 다음, 옐친 대통령이 청와대에 와서 회담을 하고 30억 달러 차관을 얻어갔다고 했습니다. 과거에는 상상도 하지 못했던 일입니다. 그러나 현실은 진행되어 가고 있었습니다. 왠지 모르게 마음이 기뻤습니다. 이 모든 일들이 하나님께서 통치하시는 일인 줄 몰랐습니다. 그러나 하나님께서 하신 일은 꼭 사람들이 깨닫도록 증거를 나타내시는 분이셨습니다.

2년이 지난 후, 섬기던 황지교회 여전도회 헌신예배를 인도하시던 장성중앙교회 정의수 목사님께서 설교를 하시다가 중간쯤에 설교를 중단하시고,

"하나님께서 어느 시골 작은 교회, 작은 집사가 기도한 기도를 들으시고, 소련의 공산체제가 무너지게 하셨습니다."

하고 선포하실 때, 내 심령이 기뻐서 펄쩍 뛰었습니다. 앞에 나가서 간

증하고 싶었으나 여러 가지 생각 끝에 주저앉고 말았습니다. 간증했어야 세상 만민이 하나님이 소련의 공산체제를 무너지게 하시고 우리에게 무릎을 꿇게 하신 것을 알고 하나님께 영광을 돌릴 수가 있었을 텐데, 지금 와서 증거해도 믿고 인정하는 사람이 얼마나 되겠습니까.

조용기 목사님께서 소련의 대통령궁에서 4일 동안 세를 얻어서 부흥집회를 열었다고 했습니다. 이 사건은 있을 수 없는 일이지만 전능하신 하나님만이 하실 수 있으셨습니다.

▼ 갈분기도원 구국의 제단 :
소련의 공산체제가 무너지게 기도하던 곳

"너는 내게 부르짖으라 내가 네게 응답하겠고 네가 알지 못하는 크고 은밀한 일을 네게 보이리라"(렘 33:3).

"그 때에 예수께서 대답하여 이르시되 천지의 주재이신 아버지여 이것을 지혜롭고 슬기 있는 자들에게는 숨기시고 어린 아이들에게는 나타내심을 감사하나이다 옳소이다 이렇게 된 것이 아버지의 뜻이니이다 내 아버지께서 모든 것을 내게 주셨으니 아버지 외에는 아들을 아는 자가 없고 아들과 또 아들의 소원대로 계시를 받는 자 외에는 아버지를 아는 자가 없느니라"(마 11:25-27).

"내가 또 해 아래에서 지혜를 보고 내가 크게 여긴 것이 이러하니 곧 작고 인구가 많지 아니한 어떤 성읍에 큰 왕이 와서 그것을 에워싸고 큰 흉벽을 쌓고 치고자 할 때에 그 성읍 가운데에 가난한 지혜자가 있어서 그의 지혜로 그 성읍을 건진 그것이라 그러나 그 가난한 자를 기억하는 사람이 없었도다 그러므로 내가 이르기를 지혜가 힘보다 나으나 가난한 자의 지혜가 멸시를 받고 그의 말들을 사람들이 듣지 아니한다 하였노라"(전 9:13-16).

45.
일본에서

1992년, 용역회사를 통해서 일본 오사카에 취업하러 갔습니다. 부자나라인 일본은 제품과 건물도 좋았지만 무엇보다도 환경이 깨끗하였습니다. 사람들은 말이 없고 친절하였습니다.

작업장에서 수십 명이 작업을 하고 있는데도 사람의 목소리는 전혀 없고, 여러 종류의 기계 소리만 요란하게 들려왔습니다.

일본 사람들은 남의 눈치를 보지 않고 남의 일에 간섭도 하지 않았습니다. 감독은 잔소리 같은 것은 아예 없었고 일꾼들의 일을 도와주었습니다. 살기 좋은 나라, 편안한 나라였습니다. 거기에다 다다미방에 살고 있으니 연탄재가 하나도 없었습니다.

'우리나라 수도 서울에는 연탄을 연료로 사용하여 연탄 운반차량과 연탄재를 치우는 차량이 얼마나 많은가? 그 비용이 얼마나 막대한가?'

그 환경을 생각하며 마음속으로 기도드렸습니다.

'우리나라도 언제쯤 연탄이 사라지고 깨끗한 환경이 될 수 있을까? 하나님은 하실 수 있으시겠지요?'

일본사람과 함께 작업할 때 한국사람들에 대해서 차별이 심했습니다. 아주 기분이 나쁠 때가 많았습니다. 그런데 88올림픽 이야기가 나왔을 때 갑자기 굽신거리며 겸손해졌습니다.

"한국은 금메달 11개, 우리는 금메달 1개…."
하면서 부끄러운 마음이 들었는지 갑자기 겸손해지는 것이었습니다.

몇 개월 후에 다시 갔을 때 옛 습관을 그대로 나타내 보였습니다. 그때 주님께서 대통령이 순방하고 지나가고 나면 남는 것이 별로 없지만 운동선수가 한 명 우뚝 솟으면 매일같이 매스컴에서 보기 때문에 한국사람을 무시하지 못한다고 말씀하셨습니다. 그때부터,

'하나님 아버지, 우리 운동선수를 외국에 많이 보내주소서. 하나님의 능력으로 함께하셔서 최고가 되게 해주시옵소서.'
하고 매일같이 외국에서 서러움을 받는 내 민족의 모습을 보면서 간절하게 기도하기 시작했습니다.

얼마 후 선동열 야구선수가 나고야 팀에 입단해서 일본 선수들이 당할 수 없는 능력으로 실력을 발휘하여 일본 최고의 마무리 투수가 되어서 연일 신문과 텔레비전에 선동열 선수는 나고야의 태양이라고 칭찬이 쏟아졌습니다.

하루는 텔레비전을 보니까 일본에 사는 제일교포가 나와서,

"우리는 이제 선동렬 선수 덕분에 일본사람들에게 업신여김을 받지 않고 어깨 펴고 살게 되었습니다."
라고 할 때 '주님의 말씀대로 되었구나.' 하고 주님의 은혜에 감사드렸습니다.

"그는 네 찬송이시요 네 하나님이시라 네 눈으로 본 이같이 크고 두려운 일을 너를 위하여 행하셨느니라"(신 10:21).

미국에서 박찬호 선수 때문에 업신여김을 받지 않고 살아가고 있다

고 재미교포가 텔레비전에서 인터뷰하는 모습을 보았습니다. 그다음에는 골프, 그다음에는 축구 등 훌륭한 우리나라 선수들이 외국에서 유명해지기 시작해서 코리아가 세계 속에서 빛을 발하기 시작했습니다. 주님께서 말씀하시기를 대한민국은 영원하리라고 하셨습니다.

46.
두 번째
일본에서

비행기를 타면서 나는 간절히 기도를 드렸습니다.
'아버지 하나님, 나는 마음이 약하고 두렵습니다. 일본 세관에서 나를 쳐다보지도 말고 한마디 말도 시키지 않게 도와주시옵소서.'

왜냐하면 불법취업으로 자칫하면 한국으로 쫓겨올 수 있기 때문이었습니다. 같이 동행하던 일행 두 명이 세관에서 쫓겨나서 한국으로 되돌아가는 것을 보았습니다.

드디어 제 차례가 되었습니다. 두려운 마음으로 여권을 테이블 위에 얹어놓고 세관이 어떻게 행동하나 주시하며 서 있었습니다. 세관이 고개를 숙인 채 손을 내밀어서 여권을 가지고 가더니 10초 내로 도장을 꽝 찍어서 내 앞으로 내미는 것이었습니다. 말을 걸어오지도 않고 도장을 찍어서 내주니 너무나 기뻐서 혹시라도 말을 시킬까 봐 여권을 들고 빨리 빠져 나가려고 하는 찰나, 내 손을 꽉 잡는 것이었습니다.

깜짝 놀라서 눈을 크게 뜨고 쳐다보았더니 도장 찍은 것을 확인하고 가라는 것이었습니다.

'후유…, 이제 살았구나.'

안도의 한숨을 내쉬며 보니, 도장이 '90일'이라고 찍혀 있었습니다.

전에는 1개월이었는데 날짜를 많이 준 것입니다. 전능하신 하나님 아버지께서 저와 함께 계셔서 어려울 때 나를 도와주신 것을 보고 신이 났습니다.

오사카에 있는 용역회사로 돌아와서 열심히 일을 하고 주일날 열심히 오사카 광림교회에 나갔더니, 용역회사에 온 성도님들이 모두가 나를 따라 오사카 광림교회에 나오니 전에는 4, 50명이었는데 7, 80명으로 부흥이 되었습니다. 그러나 한국에 있을 때는 매일 기도에 매달리다시피 열심이었는데 일본에 와서 낮에 일에 지치고 기도할 장소가 없어서 기도를 쉬었습니다.

하루는 밤에 잠이 들었는데 꿈을 꾸게 되었습니다. 지게에다 짐을 잔뜩 지고 가자니 너무 괴롭고 힘이 들어서 지고 가던 짐을 벗어던져 버리고 빈 지게를 지고 가니 얼마나 편한지 콧노래를 부르며 가고 있을 때, 노태우 대통령께서 나타나시더니 호통을 치는 것이었습니다.

"왜 짐을 벗어버리고 빈 지게를 지고 가느냐?"

하는 수 없이 짐을 다시 짊어지고 힘들게 걸어가는 것을 보고, 아침에 일어나서 지난밤 꿈이 무슨 뜻일까 생각하다가 보니, 예수님을 믿고 여기에 오기까지 아침과 저녁으로 나라와 민족과 지도자 대통령을 위해서 진액이 빠지도록 부르짖으며 잘살게 해달라고 기도했는데, 여기에 와서 기도를 쉬고 있으니 하나님께서 무거운 기도의 사명을 잘 감당하라고 주신 경고의 메시지라는 생각이 들었습니다.

그래서 하루의 일과를 마치고 식사를 끝내고 숙소 아파트 8층 옥상에 올라가서, 하늘에 계신 하나님 아버지께 산에서 부르짖어 기도하는 습관대로 기도하기 시작했습니다.

기도를 열심히 하다가 소리가 나서 돌아보니,

"웬 사람이 미친 사람처럼 소리를 지르는가?"

하고 수십 명이 몰려와서 내가 기도하는 모습을 보고 회사의 사장님과 종업원들에게 내 기도의 내용을 전달하는 것이었습니다. 3개월 동안 매일같이 부르짖어 기도하니 마음이 평안해졌습니다.

토요일에 퇴근을 하고 회사에 갔더니 여사장님께서 웃으시면서,

"김 상이 나를 위해서 기도해 주셔서 감사합니다. 내가 내일 김 상이 나가는 교회같이 나가겠습니다."

하시고 이튿날 나와 함께 교회에 출석하게 되었습니다. 그 후로 40세된 노처녀가 나에게 특별한 관심을 갖고 잘 대해 주었습니다.

하루는 전기톱으로 송판을 자르다가 몸이 피곤하여 괴로움이 왔습니다.

'아이고, 피곤하고 곤한 인생, 돈이 있었더라면 이 고생은 안할 텐데…. 차라리 돈 많은 노처녀 사장과 살았더라면 이 고생은 안할 텐데….'

하고 생각에 잠겨서 작업을 하고 있는데 갑자기 타다닥 하는 소리가 나는 동시에 무릎에 섬뜩한 느낌이 들어서 기계를 멈추고 내 다리를 보니, 청바지가 찢어져 있고, 내복도 찢어졌고, 그 사이를 헤쳐서 보니 내 무릎 깊은 살이 찢어져서 돼지비계처럼 하얗게 보이더니 한참 후에야 피가 나오기 시작했습니다.

회사 직원과 재빨리 가까운 병원으로 가서 바지를 벗고 속내의를 벗어서 보니 길이가 10cm, 깊이가 1cm 정도 찢어져 있었습니다. 찢어지는 순간 아픈 것은 고사하고 회개부터 나왔습니다.

"아이고, 하나님, 잘못했습니다. 고생하는 아내를 잊어버리고 돈에 눈이 멀어서 여사장을 그리워했던 죄를 용서해 주십시오."

무릎을 꿇고 기도했습니다.

'내 평생에 수고와 슬픔이 왜 이다지도 많은가?' 태어나면서부터 지금까지 고생과 슬픔뿐이니….'

탄식이 절로 나올 때 주님께서 말씀하셨습니다.

"인생은 연속이다. 육신으로 살 때의 수고가 주의 일을 할 때에도 똑같은 고난이 뒤따른다. 이때를 위하여 육체의 고난의 훈련을 시킨 것이다. 그러나 언젠가는 편히 쉬게 될 날이 있을 것이다."

주님의 말씀에 위로를 나는 크게 위로를 받았습니다.

"예, 주님. 감사합니다. 참아야지요. 인내해야지요. 열심히 해야지요. 최선을 다해서 귀한 사명 잘 감당해야지요."

알면서도 연약한 나는 눈물을 흘렸습니다.

"나는 너희를 위하여 기도하기를 쉬는 죄를 여호와 앞에 결단코 범하지 아니하고 선하고 의로운 길을 너희에게 가르칠 것인즉"(삼상 12:23).

47. 네 번째 일본에서

이번에는 용역회사를 통하지 않고 개인 자격으로 아는 사람을 통해서 가니까 돈을 더 많이 벌 수가 있었습니다.

이웃에 사는 이 집사님과 오사카 광림교회에 갔습니다. 담임목사님께서 소개해주신 김봉달 집사님의 용역회사로 전철을 타고 찾아갔습니다.

마중을 나온 할아버지는 김 집사님의 남편인 조총련 하야마 상이었습니다. 하야마 상을 따라간 곳은 오래 된 2층 건물이었습니다. 자기 아내라고 인사를 시키는데 보니 몸은 뚱뚱하고 얼굴은 숯덩이처럼 새까맣고 옷차림은 거지와 다름이 없었습니다.

보기만 해도 무서워서 도망가고 싶었습니다. 인사를 마치고 2층으로 올라가자 일본사람이나 한국인 근로자나 초라한 모습으로 바라보고 있었습니다. 제일 구석진 방으로 안내를 받아서 들어가 보니 있고 싶은 마음이 없어졌습니다. 부자나라 일본에도 비참하게 살아가고 있는 불쌍한 사람들이 많은 모양이었습니다.

교회로 다시 돌아가고 싶었으나 목사님의 소개로 왔으니 돌아갈 수도 없기에 짐을 풀고 하나님께 감사예배를 드렸습니다. 예배가 무르익어갈 때 방문이 열리더니 한국인 근로자들이 몰려와서 예배를 드리지 말라는 것이었습니다.

"우리는 불법체류자인데 12년이나 숨어서 일하고 있어요. 예배를 드리다가 만약에 일본 사람들이 신고를 하게 되면 우리와 여러분이 붙잡혀 가서 추방당하게 됩니다. 제발 예배를 중단해 주십시오."

"드리는 예배는 끝내고 다음에는 드리지 않겠습니다."

하고 찬송을 부르는데 내 속에서 집이 떠나갈 것 같은 우렁찬 음성으로 찬양을 터져 나왔습니다. 그러자 구경하던 사람들도 아무 소리 못하고 멍청하게 서 있는 것이었습니다.

주님의 능력이 나타나서 예배를 마치고 나니까 한국인 근로자가 제게 말했습니다.

"우리가 계단을 오르내릴 때 조그마한 발자국 소리가 나도 '간고꾸빠가야르!' 하고 호통을 칩니다. 우리는 무서워서 고양이 앞에 쥐처럼 숨을 죽이고 걸으면서 살아가고 있습니다. 제발 예배를 중단해 주시기를 부탁드립니다."

이튿날 일을 마치고 식사 후 이 집사님과 예배를 아주 작은 소리로 드리려는데 성령님의 감동 감화의 역사가 일어났습니다. 이제는 그들도 오지 않았습니다.

12월 중순, 차가운 방구석에 찬 기운이 서리고 불도 없는 다다미방에는 찬 기운이 올라와서 몸이 오들오들 떨리고, 코에는 고드름이 달릴 정도로 하얀 김을 내뿜으며 온 밤을 지새워야 했습니다.

며칠이 지나서 예배를 드리는데 이 집사님이 예배에 참석했습니다. 추하고 더러운 모습이 무서워서 예배를 같이 드리고 싶지 않았습니다. 그러나 어쩔 수 없이 예배는 인도하였습니다.

예배가 끝이 난 후 김 집사님께서 자기의 고충을 다 털어놓았습니다. 자기는 50대이고 주인 하야마 상은 70대인데 돈이 많다고 해서 돈 때문에 한국에서 하야마 상에게 시집을 오게 되었는데, 뚱뚱하고 못생겼다고 밤마다 한국으로 돌아가라고 두들겨 패고, 뜻대로 안되니까 일본인 근로자에게 술을 먹이고 한국으로 돌아갈 때까지 두들겨 패라고 해서 날마다 두들겨 맞아서 죽을 지경이라고 하소연했습니다. 그리고 자기의 손을 잡고 위로해주기를 원했습니다.

그러나 거절하고 저녁마다 예배를 드리고 하나님께 사정을 아뢰었습니다. 일주일이 지나서 2층 계단을 쿵쿵 소리를 내면서 뛰어다녔습니다. 그래도 일본 사람들은 아무 소리도 하지 않았습니다. 보름이 지나고 이제 우리가 고양이고 일본 사람들은 쥐였습니다. 우리의 눈치를 살피고 아무 소리도 내지 않았습니다. 전능하신 하나님의 능력 앞에 악한 마귀는 감히 대적하지 못했습니다. 저녁마다 예배를 드린 후 성경을 2시간씩 읽고 잠이 들었습니다.

어느덧 1개월쯤 되었습니다. 이 집사님의 얼굴에 흰 반점이 양쪽에 생겼습니다. 이튿날은 흰 점이 더 커졌습니다. 매일 예배 때마다 흰색이 퍼져 나갔습니다. 열흘쯤 되었을 때 온 얼굴 전체가 하얗게 변하여 20대 아름다운 처녀의 피부 색깔로 변했습니다. 이제 김 집사님은 옛날의 새카맣고 못생긴 얼굴이 아니라 아름다운 여인으로 변하였습니다.

교회에 갔더니 목사님께서 이렇게 말씀하셨습니다.

"김 집사님이 어떻게 아름답게 변했는지 모르겠습니다. 신비스럽네요."

일주일이 지나고 주일이 되어 교회에 가려고 2층에서 계단으로 내려오는데 하야마 상이 불렀습니다.

"어이 김 집사, 나 오늘 교회에 갈 테니 먼저 가시오. 나 김 집사님과 나중에 가겠습니다."

그 말에 나는,

'저 영감이 미쳤나? 언제는 교회 가는 사람들을 핍박하더니 이제 와서 나를 놀리는 것인가?'

하고 비웃어 버렸습니다.

그리고 우리는 교회로 먼저 가서 예배를 드렸습니다. 예배를 드리다가 우연히 고개를 돌려서 뒤를 돌아보게 되었습니다. 대머리가 많이 벗겨지고 허연 얼굴의 노인이 평안한 모습으로 앉아서 하나님의 말씀을 듣고 있었습니다.

갑작스러운 일이라 누구인시 몰라서 한참을 확인을 했습니나. 그 옆에는 김 집사님이 앉아 있었지만 설마 그 못된 하야마 상이 교회에 나올 줄은 꿈에도 생각지 않았기 때문입니다. 더 자세히 한참 후에야 주인 영감님이라는 것을 알 수가 있었습니다.

예배를 마치고 반가이 맞아주었습니다. 그의 얼굴에는 평안과 기쁨이 넘쳤습니다. 오후 예배를 마치고 집으로 돌아오는 길에 주인 영감님이,

"김 집사님, 오늘 내가 식사를 대접하겠습니다."

하더니 쇠고기 식당으로 우리를 데리고 가서 식사가 준비되는 동안 오늘 은혜받은 이야기를 했습니다.

"김 집사님, 오늘같이 기쁜 날은 처음입니다."

하고 눈물을 흘렸습니다. 다른 이야기는 하지 않았지만 내가 일본에 와서 겪은 바로는 일본 사람들에게 멸시와 천대를 받으며 마음속에 얼마나 깊은 상처가 있었겠습니까? 그러니 기쁜 일이 어디에서 만나볼

수 있었겠습니까?

"오늘 너무 기뻐서 마음껏 대접할 테니 마음껏 잡수세요."

기쁜 마음으로 이 집사님과 실컷 먹고 나니 식대가 50만원이 나왔습니다. 90년대에 50만원이면 얼마나 큰돈인지 모릅니다.

집으로 돌아와서 일본사람, 한국사람 다 데리고 공원에 가서 춤추고 노래하면서 일평생 쌓였던 한을 푸는 것을 보고 흐뭇했습니다.

사랑이 많으신 하나님께서 저 불쌍한 내 민족에게 은혜를 베풀어주시니 감사했습니다. 이제 이 집사님에게는 평안이 찾아왔습니다. 그 가정은 행복해졌습니다. 회사는 화목하고 일본 사람과 친해지게 되었습니다.

3개월의 비자 기간이 끝나고 기쁜 마음으로 이별할 수가 있었습니다. 할렐루야!

48.
파이프를 들어주신 하나님

26살에 탄광에 들어와 43살이 될 때까지 17년 동안 막장에서 젊음을 보내고, 이제 마지막으로 탄광에 들어가서 궤도 후산부가 되었습니다. 회사에 출근하던 첫날 막장에 들어가서 선산부 안○○씨와 함께 150kg 정도 되는 파이프를 운반하는 작업을 하게 되었습니다. 선산부는 키가 180cm이고 몸무게도 80kg이나 되는 거구였습니다. 나의 키는 158cm이고 몸무게는 겨우 53kg밖에 되지 않았습니다.

150kg이나 되는 파이프는 똑같은 힘이 있어야 운반이 가능한데, 그러나 같이 힘을 합하여 파이프를 들고 걸어갔습니다. 파이프가 얼마나 무거운지 허리가 펴지지 않아서 구부리고 몇 발자국 걸어가다가 도저히 갈 수 없어서 쿵 하고 파이프를 내려놓고 말았습니다. 그러자 선산부가 나를 쳐다보면서 조롱하는 것이었습니다.

"이 사람, 힘이 없어서 같이 일 못하겠네."

무엇보다도 예수님의 영광 가리우는 것이 부끄러웠습니다. 그다음에 옆에서 구경하는 사람들 보기에 부끄러웠습니다. 그다음에는 이번이 탄광이 마지막인데 여기에서 쫓겨나게 되면 어디로 갈까가 두려웠습니다. 여러 가지 생각이 내 머리에 스쳐 지나갔습니다. 그러나 이번에 한 번 더 힘써 보고 안되면 하는 수 없이 여기를 떠나갈 수밖에 없다는 각오를 한 다음, 선산부에게 부탁했습니다.

"한 번 더 해봅시다."

허리를 굽히고 파이프를 손에 잡고 '하나님, 도와주시옵소서!' 마음 속으로 간절히 기도하고 허리를 펴고 파이프를 들어올렸습니다.

그런데 어쩐 일인지 그렇게도 무거웠던 파이프가 종잇장을 든 것같이 가벼웠습니다. 기쁜 마음으로 얼마든지 갈 수 있겠다고 생각하면서 신이 나게 걸어가고 있는데, 이번에는 선산부께서 쿵 하고 파이프를 내려놓으ㄴ며 "아이고, 나 죽겠네." 하면서 "그런데 이 사람, 작은 사람이 왜 이렇게 힘이 센가?" 하고 감탄을 했습니다. 옆에서 구경을 하고 있던 동료들도 감탄을 했습니다. 그때부터는 나를 두려워하고 업신여기지 않아서 당당하게 힘든 일도 같이 잘하게 되었습니다.

"나를 의롭다 하시는 이가 가까이 계시니 나와 다툴 자가 누구냐 나와 함께 설지어다 나의 대적이 누구냐 내게 가까이 나아올지어다"(사 50:8).

▶ 대덕 광업소 현장에서

49. 행한 대로 갚아주신 하나님

선산부가 자기는 앉아서 담배를 피우며 쉬면서 힘든 일을 나에게 다 시켰습니다.

'와서 도와주면 쉬울 텐데….'

너무 힘들어서 마음속으로 불평을 하면서 미워했습니다.

그리고 난 다음 한 달이 지났습니다. 작업을 하다가 잠깐 쉬는 시간에 선산부가 이야기를 꺼냈습니다.

자기 외아들이 면허증도 없이 아버지의 차를 몰고 가다가 아랫동네 아가씨의 어깨를 조금 스치고 지나가서 시비가 붙었는데 처음에는 괜찮다고 그냥 가라 하더니 그 집에 돈이 많은데다가 무면허인 것을 알고 돈을 많이 요구하더라는 것이었습니다. 내 생각에,

"많이 불러서 4, 50만원이나 됩니까?"

하고 말했더니 선산부가 깜짝 놀라면서 말하는 것이었습니다.

"예수 믿는 사람이 역시 다른데요."

자그마치 700만원을 요구해서 500만원을 주고 합의를 했다고 했습니다. 그때 내 속으로 '나를 괴롭게 하더니 하나님이 치셨구나.' 하고 기뻐하면서 당연하게 생각했습니다.

한 달이 지나서 추석명절이 되어 교문리에 있는 큰집에 부모님께 갔

습니다. 집에 들어서는 순간 큰 소리가 나고 난리가 났습니다. 사연을 들어본즉 형님께서 월급을 타가지고 버스에서 내리는 순간 강도 2명이 칼을 목에 들이대고 돈을 다 빼앗아 갔는데, 그 돈이 적지도 많지도 않게 선산부가 잃어버린 돈 500만원의 액수와 같았습니다.

선산부가 내 마음에 들지 않는다고 미워하고 교통사고로 500만원을 보상해 줄 때 기뻐했더니 내 가족에게도 똑같은 일이 닥쳐왔습니다. 내 마음이 아팠습니다. 나의 죄 때문에 죄없는 형님께서 마음 아픈 일을 당하게 되었습니다. 하나님의 말씀에 보면 모든 인생들이 심은 대로 거두고 행한 대로 갚음을 받는 것을 보았습니다. 이제부터 선을 많이 심고 선을 많이 거두어야 되겠습니다.

"네 원수가 넘어질 때에 즐거워하지 말며 그가 엎드러질 때에 마음에 기뻐하지 말라 여호와께서 이것을 보시고 기뻐하지 아니하사 그의 진노를 그에게서 옮기실까 두려우니라"(잠 24:17-18).

50. 주의 종이 되라

먹고 살기 위해 목숨을 담보로 사망의 골짜기에 들어간 지 17년 만에 정들었던 탄광을 떠나서 새로운 삶을 살기 위해 금식하며 기도하기 위해 거룩한 산 갈분기도원으로 가기로 작정했습니다.

기도원으로 올라가기 전날 밤에 꿈을 꾸었습니다. 전에 갈분기도원에서 봉사하시던 이 집사님이 깨끗한 모습으로 나타나 보였습니다.

이튿날 기도원으로 가니까 이 집사님께서 꿈에 본 그대로 양복을 입고 먼저 와 있었습니다. 밤에 범굴에 같이 올라가서 철야기도를 하게 되었습니다.

며칠이 지나서 이 집사님께서,

"김 집사님, 주님께서 주의 종이 되라고 하시네요."

하실 때 화를 냈습니다.

"나 같은 인생이 주의 종이 된다면 하나님 영광을 가리우게 됩니다. 절대로 그런 소리 마세요."

그런데 그 이튿날도 또 똑같은 말을 하기에 똑같이 거절했습니다.

3일째 되던 날도 똑같은 말을 하기에

'분명히 주님의 뜻이 있는 것 같은데….'

하는 생각이 들어서 나는 이렇게 기도를 드렸습니다.

"그러면 주님, 기드온이 하나님께 기도드릴 때 응답해 주신 것처럼 나에게도 응답해 주시면 주님의 뜻인 줄 알고 순종하겠습니다."

이튿날 집으로 돌아와서 아내에게 조심스럽게 말을 꺼냈습니다.

"이 집사님이 목사가 되어 돌아와서, 나보고 주의 종이 되라고 하시네요. 나 원, 기가 차서 말이 안 나오네."

나는 아내의 입에서 어떤 말이 나올 것인가 하고 두려운 마음으로 기다렸습니다. 기대하지 않았던 대답이 아내의 입에서 나왔습니다.

"집은 내가 책임을 질 테니 신학을 하세요."

너무나 꿈같은 일이라 나는 잠시 어안이벙벙했습니다.

기도원으로 다시 올라가서 5일을 금식하고 집으로 내려오니 태백시 연합집회가 열렸습니다. 강사님은 감리교 감독회장이 되신 김국도 목사님이셨습니다. 첫날과 둘째날까지 태백시 KBS 방송국 공개홀이 반도 채워지지 않았습니다.

강대상 제일 앞자리에 가서 열심히 기도하고 있으니 나중에는 공개홀의 자리가 꽉 채워졌습니다. 나중에 들리는 소문에 의하면 지금까지 공개홀을 개장한 후 이렇게 많은 사람들이 들어오기는 처음이라고 했습니다. 그러나 아내가 주선하여 강사님과 일행을 초청하여 점심식사를 대접하였습니다.

이제 주님의 뜻을 확실히 깨닫고 신학교에 입학하기로 결정하였습니다.

51. 좁고 빛난 길

이영춘 목사님이 주의 종이 되라고 하신 후에, 산에서 기도하다가 잠이 들어 꿈을 꾸게 되었습니다.

내가 앉아 있는데 예수님께서 찾아오셨습니다. 예수님께서는 나의 필요한 것을 도와주시느라 분주하셨습니다.

잠시 후에 보니 내 앞에 놓인 혼자만 갈 수 있는 좁고 빛난 길이 있었습니다. 양쪽 옆에는 수십 길인 되는 낭떠러지였습니다. 그 길을 가려면 앞만 향하여 정신을 똑바로 차리고 가야지, 한눈을 팔다가는 여지없이 낭떠러지에 떨어져 사망 아니면 중상이었습니다.

좁고 빛난 길 맨 끝에는 예수님께서 나를 바라보시면서 빙그레 웃으시며 앉아 계셨습니다.

다음 장면이 나왔습니다. 어둠이 가득한데 넓은 내리막길이 내 앞에 나타났습니다.

'조금 전에는 좁고 빛난 길이 내 앞에 있어서 힘이 들었는데 넓은 내리막길로 가니 얼마나 마음이 평안할까?'

신나게 내려가는데 넓은 길에는 울퉁불퉁한 바위가 솟아 나와서 얼마나 불편했는지 모릅니다. 이것이 무슨 뜻인지 잘 이해가 되지 않았습니다.

주의 종이 되고 목회를 하다 보니 이해가 되었습니다. 평신도 때는 예수님이 찾아오셔서 나를 도와주셨는데 주의 종이 되고 난 다음, 주님만 바라보고 갈 때 위태위태한 것 같았지만 평안하고 기뻤습니다. 그러나 넓고 평안한 목회를 할 때 평안이 없고 더 힘들었습니다. 온 밤을 새우며 기도하고 성경을 쓸 때 새벽마다 성도들이 가득했는데, 잠을 깊이 자고 기도를 적게 하고 성경을 멀리하였더니 다 떠나가서 마음이 괴로웠습니다.

주의 종이 되기로 결심하고 꿈을 꾸었습니다. 흰 종이에 검은 펜으로 '주만 바라보라. 주만 바라보라.' 하는 글씨가 적혀 있었고 그 옆에는 흰 옷 입은 태백기도원 원장님이 계셨습니다.

잠에서 깨어나서 원장님께 전화를 걸었습니다. 원장님께서 기도하시더니, "주님만 믿으라, 주님만 믿으라…고 하신답니다."고 깨닫게 해주셨습니다.

주의 종은 주님만 바라보고 믿어야 된다는 것을 깨닫게 해주셨습니다. 좁고 빛난 길, 오직 주님만 바라보고 갈 때 기쁘고 즐겁고 행복합니다.

"생명으로 인도하는 문은 좁고 길이 협착하여 찾는 자가 적음이라"(마 7:14).

52. 3시간 기도훈련

이 목사님께서 시무하시는 수원에 있는 감람산기도원 지하교회에서 기도하려고 태백에서 올라왔습니다.

지하교회에서 먹고 자면서 기도하는 가운데 목사님께서 밤 9시부터 12시까지 3시간 기도의 명령이 떨어졌다고 하기에 나는 뒤에 앉아서 3시간의 기도를 따라서 해보기로 했습니다.

지금까지 나는 1시간짜리 기도를 드렸습니다. 3시간의 기도는 감히 상상도 못하는 장시간의 기도였습니다. 따라하다가 안되면 포기하는 것으로 마음먹고 뒤에 앉아서 기도를 시작했습니다. 기도 많이 하시는 목사님과 신 전도사님, 서 전도사님이 앞에서 이끌어 가시니, 따라서 하다 보니 어느덧 3시간이 흘러갔습니다.

다음날도 3시간을 채우게 되었습니다. 중간쯤 지났을 때 목사님과 전도사님, 두 분이 기도하다 말고 방으로 들어가 버리고 나 혼자서 부르짖으며 회개의 기도를 본격적으로 시작했습니다. 눈물의 회개기도를 많이 했습니다.

40일이 거의 되어가고 있을 때, 하루는 찬송가를 펴놓고 1장부터 부르기 시작했습니다. 몇 장을 부르고 난 후 찬송가의 가사와 곡조가 저절로 되었습니다. 곡이 다 끝나고 책장을 넘기기만 하면 내 안에서 가사를 보면 곡조와 톤이 저절로 조절이 되어서 기쁘고 즐거움으로 찬송을 불렀습니다.

신기하다고 느껴지면서 시계를 쳐다보니 벌써 3시간이 지나가고 12시가 되었습니다. 찬송가를 보니 반을 불렀습니다. 더 부르고 싶었지만 여러 사람들이 잠을 자야 하기 때문에 끝을 맺게 되었습니다.

그런데 신기한 것은 목이 하나도 아프지 않았습니다. 힘이 계속해서 솟아 나왔습니다. 이제 나는 3시간의 기도를 할 수 있게 되었습니다. 주님의 은혜로 40일 3시간의 기도를 마치고 3일의 단식을 마쳤습니다. 단식을 마치고 소금물로 입을 씻어내는 동안 제 몸에서 새 힘이 솟아 나왔습니다.

금식을 마치고 난 다음 꿈을 꾸게 되었습니다. 내가 산길을 걸어가고 있는데 내 앞에 두 갈래 길이 나타났습니다. 어느 길이 진리의 길인지 분간을 할 수 없어서 망설이다가 왼쪽 길이 진리의 길이라고 생각하고 왼쪽 길을 따라서 계속 걸어가다가 보니 수풀이 우거져서 앞을 분간할 수가 없었습니다. 나무가 빽빽이 들어차서 하늘이 보이지 않았습니다.

어느덧 날이 저물기 시작했습니다. 짐승의 울음소리가 점점 더 가까이 들려왔습니다.

'아, 이제 나는 여기에서 짐승에게 물려 죽는구나.'

겁이 덜컥 났습니다. 두려움에 떨면서 안절부절못하고 있을 때 내 몸에 힘이 솟아 나오면서 나무 꼭대기 위로 붕 떠오르더니 나무꼭대기를 타고 쏜살같이 골짜기를 빠져 나와서 산꼭대기에 서 있는 것이었습니다. 산꼭대기에서 산골짜기를 바라보니 까마득한 깊은 계곡이었습니다.

'저 깊은 골짜기를 내가 어떻게 빠져 나왔을까?'

신비하게 생각하고 걸어가다 보니 바위 위에 찍힌 내 발자국은 검은 발자국이었습니다. 내 검은 발자국 위를 산꼭대기에서 내려오는 맑은 물이 깨끗이 씻으면서 내려갔습니다.

잠에서 깨어나서 꿈속에서 있었던 일을 내 나름대로 정리하고 모든 것이 하나님 아버지의 은혜라고 생각했습니다.

기도를 마치고 집으로 돌아오니 나를 위해서 기도하시는 엘리야 수도원 원장님께서 하나님의 말씀을 받아서 적어주셨습니다.

"내가 여호와를 기다리고 기다렸더니 귀를 기울이사 나의 부르짖음을 들으셨도다 나를 기가 막힐 웅덩이와 수렁에서 끌어올리시고 내 발을 반석 위에 두사 내 걸음을 견고하게 하셨도다 새 노래 곧 우리 하나님께 올릴 찬송을 내 입에 두셨으니 많은 사람이 보고 두려워하여 여호와를 의지하리로다"(시 40:1-3).

53. 신학교에 입학하다

지금까지 세상길로만 가던 이 죄인에게, 주님께서 이영춘 목사님을 만나도록 인도하셔서 3시간의 기도를 통해 죄악의 구덩이에서 건져내어 주시고 주의 종의 길로 인도하여 주셨습니다.

안동성서학원에 입학하고 기숙사에서 생활하게 되었습니다. 내 옆자리는 어린 학생이었습니다. 수업을 마치고 쉬는 시간에 화장실에 다녀오는 길에 그 학생이 하소연을 하는 것이었습니다. 사연인즉 아침에 학교에 오려 하는데 아버지께서 돈을 2만원을 주시기에 기분이 좋아서 콧노래를 부르며 춤을 추면서 뛰어오는데, "아버지께서 오라고 부르시기에 갔더니 '그 돈 이리 내놔라. 빚을 갚아야겠다.' 하시기에 돈을 주고 나니 기분이 나빠서 이제 학교를 그만두어야겠습니다." 하기에 마음이 아팠습니다.

'주님, 이럴 때는 어떻게 하면 좋을까요?' 하고 물었습니다. 주님께서 '그가 필요한 것은 돈이다. 돈 때문에 문제가 생기지 않았느냐?' 하실 때 내 주머니에 2만원이 있었습니다. 만원을 차비하고 만원을 주었더니 금방 마음이 변해서 기뻐하면서 "집사님, 내 마음이 기쁩니다. 이제 열심히 공부하겠습니다." 하면서 수업을 마치고 목욕도 같이하면서 더 가까이하게 되었습니다.

금요일 수업을 마치고 태백시에 있는 집에 가기 위해 기차를 타려고 안동역으로 가고 있는데, 그 학생이 큰길을 건너서 뛰어오더니 프린트된 종이를 한 장 건네주는 것이었습니다. "집사님, 이것이 다음 주 기말고사 답안지입니다. 아무도 보이지 마시고 혼자만 보시고 쓰세요." "큰일날 소리! 컨닝을 하면 시험지를 몰수한다고 들었는데 안 되지." 하고 거절하니까 "집사님, 괜찮으니까 걱정하지 마시고 사용하세요." 하기에 두려운 마음으로 받아서 가방에 넣었다가 시험을 치르는 시간에 책상 위에 얹어놓고 문제집을 그 위에 얹어놓고 보이는 대로 쓰다 보니 답답해서 답안지를 책상 위에 얹어놓고 쓰기 시작했습니다.

그런데 놀라운 일이 일어났습니다. 두 분의 감독관이 밖으로 나가시더니 들어오지 않으셨습니다. 덕분에 무사히 시험을 치르고 다음 시간이 되었습니다. 이번에도 그 학생이 답안지를 갖다 주었습니다. 다음 시간에도, 그다음 시간에도 네 과목의 답안지를 갖다주었습니다. 그리고 내가 할 수 있는 과목은 가져오지 않았습니다. 이번 기말고사는 A학점을 받게 되었습니다.

가난해서 수업을 중단해야 하는 학생에게 단돈 만원을 주었더니 엘리야에게 떡을 갖다준 까마귀와 같이 나에게도 그와 비슷하게 필요한 것을 갖다주게 하신 분은 예수님이셨습니다. 예수 그리스도의 사랑을 앞으로 행하라고 계시를 주신 것 같았습니다.

> "주린 자에게 네 심정이 동하며 괴로워하는 자의 심정을 만족하게 하면 네 빛이 흑암 중에서 떠올라 네 어둠이 낮과 같이 될 것이며 주린 자에게 네 심정이 동하며 괴로워하는 자의 심정을 만족하게 하면 네 빛이 흑암 중에서 떠올라 네 어둠이 낮과 같이 될 것이며"(사 58:10-11).

54. 열차 안에서 전도하다

금요일 수업을 마치고 통리역으로 가는 우등 열차에서 내 옆자리에 앉은 사람에게 전도를 시작했습니다. 전도를 처음 하다 보니 전도의 방법을 몰랐습니다. 내가 만난 예수님을 전하고 하나님의 말씀이 생각나면 말씀을 전했습니다.

그다음에는 주님께서 지혜를 주셨습니다. "음료수 두 개를 사가지고 옆 좌석에 앉은 사람에게 하나 주고 네가 하나 먹으면서 전도해라. 뇌물을 먹으면 그때부터 너의 종이 될 것이다. 듣기 싫어도 대적을 하지 못할 것이다." 하시기에 시키시는 대로 순종하였더니 정말 내 말을 거역하지 못하고 듣기 싫어도 다 들어주었습니다.

처음에는 듣기 싫어하고 비웃는 것 같더니 열심히 간증하고 말씀이 생각나는 대로 전하였더니 얼굴이 점점 변하며 기쁨이 넘쳐서 가슴을 손으로 안으면서 어찌할꼬 하면서 내릴 때는 "선생님, 안녕히 가십시오." 하고 허리를 굽히면서 몇 번이고 감사하다고 하는 젊은 대학생들이 많았습니다. 진실과 정직함으로 내가 받은 예수님의 사랑을 전하니까 영들이 기뻐하는 것 같았습니다.

그다음 주 금요일 수업을 마치고 열차에 올라가서 내 자리를 찾아가보니 50대 아주머니가 앉았는데 초겨울인데도 블라우스를 입었는데,

얼굴이 숯덩이같이 새카맸습니다. 너무나 무섭게 생겨서 옆에 앉기가 싫었습니다. 앉지도 못하겠고 자리를 피하자니 전도자가 치사한 생각이 들고 어찌할 바를 몰라서 이리저리 방황하고 서 있었습니다.

한참이 지난 후 어쩔 수 없이 자리에 앉으면서 최대한 그 여인과의 거리를 멀리하고 움츠리고 앉았습니다. 그렇지만 어쩔 수 없이 매일 하는 전도를 멈출 수가 없어서 입을 열어서 간증을 섞어서 예수님을 전했습니다.

불이 붙어서 열심히 전도하고 있는데 그 여인이 "나 불교요. 말하지 마시오." 하는데 갑자기 내 말문이 막혀 버렸습니다. 생전 처음 당하는 일이라 안절부절못했습니다. 부끄럽고 어렵고 화도 나고 어찌할 바를 몰랐습니다. 도망을 가고 싶은데 옆에 있는 사람들의 눈치가 보이니 도망을 갈 수도 없는 채 얼마의 시간이 흘렀습니다. 이제 조금 안정이 되었습니다. 그러나 이제 복음을 전하기는 틀렸고 그냥 앉아 있자니 답답하고 진퇴양난이 되었습니다.

그때 머릿속에서 지난날 '예수님이시라면 어떻게 하실까'라는 책의 제목이 생각났습니다. 그래서 '예수님이시라면 이럴 때 어떻게 하시렵니까?' 하고 물었더니 '가난한 자에게 무엇이 필요하겠느냐? 지금 그 여인은 헐벗고 있지 않느냐?' 하고 말씀하셨습니다.

'주님, 그러나 나에게는 옷을 사줄 수 있는 돈이 없습니다. 5천원뿐인데 버스비 빼면 3천원 남는데요.' 하니까 '그는 배가 고프다. 먹을 것을 주어라.' 하시기에 열차 안에 판매대가 지나갈 때 2천원을 주고 귤을 한 줄 사가지고 한 개를 꺼내서 먹는 척하고 조심스럽게 건네주었습니다.

기분 나쁘다고 탁 치면서 "안 먹어요." 할 때 상처받지 않으려고 두려워 떨며 인상을 봐가면서 건네주었더니 귤을 받아서 가슴에 꼭 안으면서 "나 같은 사람도 예수 믿을 수 있는 자격이 있나요?" 하기에 어리둥절해지면서 '이것이 꿈인가, 생시인가? 세상에 이런 일이 다 있네?' 하면서 그 여인의 얼굴을 쳐다보다가 깜짝 놀랐습니다. 조금 전까지만 해도 숯덩이같이 새카맣던 얼굴이 아름다운 모습으로 빙그레 웃는 모습이 예수님께서 빙그레 웃으시는 것 같았습니다.

'아아, 내가 지금 꿈을 꾸고 있는 것일까?'

내 마음은 기쁘고 즐겁고 행복했습니다. 지금까지 두렵고 화가 나고 부끄럽고 당황스럽던 그 마음은 사라지고 온 천하를 얻은 것같이 기쁘고 행복했습니다.

수많은 사연을 실은 우등열차는 어느덧 통리 역에 도착하였습니다. 그 여인 스스로 강릉에 가면 교회에 나가겠다고 약속하고 기쁨으로 작별인사를 하고서 자리에서 일어나서 통로에 서서 천천히 내리고 있는데 내 속 배꼽 아래에서 찬송이 흘러나왔습니다. 나는 가만히 서 있는데 가사와 곡조와 톤이 저절로 나왔습니다. 계속해서 찬송이 흘러나오니까 열차 안에 내 찬송소리가 울려 퍼져 나갔습니다. 누군가가 시끄럽다고 소리를 지를 줄 알았는데 아무도 말하지 않았습니다. 모두 다 고개를 숙이고 내 입에서 흘러나오는 찬송을 듣고 은혜받고 있었습니다. 심지어 스님까지도 고개를 숙이고 은혜를 받고 있었습니다.

열차에서 내려서 버스 타는 곳까지 걸어가는데도 찬송을 불렀습니다. 버스 안에서도 찬송이 흘러나왔습니다. 버스 안에 하나님의 영광이 가득하였습니다. 버스에서 내려서 집으로 가는 길에도 찬송이 흘러나왔습니다.

집에 도착하니 오뎅 도매를 하고 있던 아내가 오늘 참 이상한 일이 여러 번 있었는데 두 사람이 우리 가게 앞에 와서는 '어어, 우리가 왜 여기 와 있지? 우리 단골가게는 저 아랫집인데?' 하면서 '이왕에 왔으니 오뎅을 사 갑시다.' 하면서 오뎅을 팔아주었다고 기뻐했습니다. 성경에 보면 네가 내 일을 하면 내가 너의 일을 하리라고 말씀하셨습니다.

주일날 교회에 가서 예배를 마치고 난 후, 성도들이 나의 모습이 천사와 같이 아름답다고 칭찬을 하면서 기뻐했습니다. 이정규 담임목사님께서도 자랑스럽다고 어깨를 어루만져 주셨습니다. 전도하다가 가난한 자를 도와주었는데 상상할 수 없는 축복을 부어주신 하나님의 은혜와 사랑을 감사드립니다.

"또 주린 자에게 네 양식을 나누어 주며 유리하는 빈민을 집에 들이며 헐벗은 자를 보면 입히며 또 네 골육을 피하여 스스로 숨지 아니하는 것이 아니겠느냐"(사 58:7).

"그리하면 네 빛이 새벽 같이 비칠 것이며 네 치유가 급속할 것이며 네 공의가 네 앞에 행하고 여호와의 영광이 네 뒤에 호위하리니"(사 58:8).

55. 총회신학에 입학하다

주님의 은혜로 공부를 잘하고 있는데 주님께서 학교 자랑, 네 자랑하는 것이 싫다고 하시면서 군소신학교에 가라고 명령하셨습니다. 나는 영문도 모른 채 성서학원을 정리하고 수원으로 올라왔습니다. 감람산 기도원 지하에서 숙식을 하며 기도에 전념하면서 낮에는 학교에 다녔습니다.

신은혜 부위원장님께서 "김 집사님, 전도하세요." 하시면서 전도지를 주며 전도하라고 명령하시니 거리로 나왔지만 마음이 약해서 두렵고 부끄러워서 전도지를 제대로 주지 못했습니다. 전도지만 건네주고는 도망을 갔습니다.

그러나 하루가 가고 이틀이 가니 조금씩 담대해지기 시작했습니다. 매일 3시간 기도하고 교회를 나설 때 주님께서, "처음 만나는 사람에게 큰 소리로 예수 믿으라고 해라. 처음부터 담대해야 그다음부터 담대하게 복음을 전할 수 있게 될 것이다." 하신 말씀에 그대로 순종했더니 주님 말씀대로 담대하게 복음을 전할 수가 있었습니다. 처음에는 무서운 사람이 있어서 담대하게 복음을 전하지 못하니까 하루 종일 마음속에 두려움이 있어서 담대하게 복음을 전하지 못했습니다.

시간이 갈수록 전도에 대한 지혜를 주셔서 얼마 후에는 담대하게 전도지를 건네줄 수 있었습니다. 신은혜 부위원장님께서 이제는 전도지를 그만 주고 입으로만 외치라고 하셨습니다. 이제 겨우 마음놓고 전도지를 줄 수 있게 되었는데 전도지 없이 입으로만 외치라고 하시니 소가 도살장으로 끌려가는 것같이 두려웠습니다.

그러나 주님의 명령이시기에 어쩔 수 없이 권선시장 앞에 가서 눈을 딱 감고 소리를 질렀습니다. "예수 믿고 구원 받으세요…." 하고 나니 그다음부터 저절로 복음을 외칠 수가 있었습니다. 건널목에서 사람이 지나가면 소리 높여 외쳤습니다. 사람이 없으면 차 안의 사람이 들으라고 지나가는 차를 향해 외쳤습니다. 그다음에 차도 없으면 건물을 쳐다보고 외쳤습니다. 내 목소리는 건물 안에 있는 사람의 귓속까지 파고들어 가도록, 마치 건물이 파괴되어 부서져서 무너지는 것같이 강력하고 힘이 있었습니다.

가끔 물건을 사러 상점에 들어갔습니다. 상점 주인들이, "열심히 복음 전하느라고 수고하십니다. 이 물건 본전에 드립니다." 하고 물건을 반값에 주었습니다. 은행에 갔더니 은행직원들도 "전도하느라 수고가 많습니다." 하고 칭찬을 아끼지 않았습니다. 나는 마음이 약하기에 혹시라도 가까운 상점에서 내 목소리가 너무 커서 시끄럽다고 좀 조용히 할 수 없느냐고 할 줄 생각하면서 상점에 들어갔는데 뜻밖에 환대를 해주니 마음이 놓이면서 어리둥절해졌습니다.

낮에 학교에 가기 전에 한 시간 동안 열심히 전도하다가 시간이 늦어서 택시를 탔습니다. 그런데 놀라운 일이 일어났습니다. 수원역까지 어떻게 왔는지 생각이 나지 않았습니다. 전에는 택시비가 2,500원 정도 나왔습니다. 그런데 오늘은 1,700원의 요금이 나왔습니다. 나도 놀라고 택시기사도 신기한 일이라고 놀랐습니다. 이제 권선시장 앞에서는 사람을 두려워하지 않고 강하고 담대하게 복음을 전할 수 있게 되어서 마음에 자유를 누리게 되었습니다. 그러나 하나님은 주의 종을 편안히 놓아두지 않으셨습니다. 섬기는 열린문교회에서 부흥성회가 열리고 있었습니다. 부흥강사님께서 수원 역전에서 전도하시는 권홍택 목사님이셨습니다.

새벽예배를 드리고 난 다음 나를 태워서 수원역 광장에 내려놓으시고 전도하라고 하실 때, 두렵고 떨리는 마음으로 광장에 서서 입을 벌리고 큰 소리로 외쳤습니다. 그때부터 본격적으로 수원역 앞에서 전도하기 시작했습니다. 여러 명이 전도하다 보니 역전 앞에서 장사하는 분들과 다툼도 많이 일어났습니다. 때로는 수원역 직원들도 방해를 했지만 매일같이 하나님의 명령인 줄 알고 인내하면서 견뎌냈습니다.

어느덧 쌀쌀한 추운 겨울이 되었습니다. 그때 IMF가 터졌습니다. 수많은 사람들이 사업에 실패하고 갈 곳이 없어서 역에 나와서 시멘트 바닥에다 박스를 깔아놓고 밤새도록 추위에 떨면서 온 밤을 지새웠습니다. 직장에서 쫓겨나서 가족을 버리고 이곳에 와서 추위에 떨면서 죽지 못해 살아가고 있었습니다. 추위를 견뎌내기 위해 밤이 새도록 소주를 마시는 사람도 있었습니다. 아침이 되어서 자리에서 일어나 배가 고프니까 술이 취해 비틀거리며 정신이 없는 상태에서 전도자들에게 다가와서 두 손을 펴고 아무 말이 없이 서 있다가 돈을 주지 않으니까 아무 말 없이 떠나서 다른 전도자에게 갑니다. 아무리 돌아다녀 봐도 돈을 주는 사람은 없었습니다.

드디어 내 앞에 와서 두 손을 내밀며 아무 말이 없었습니다. 나는 이렇게 말했습니다.

"거룩한 복음을 전하고 있는데 더러운 모습으로 술이 취해 와서 왜 방해를 해? 저리 가!" 하고 기분 나쁘다고 가라고 했더니, 노숙자는 아무 말 없이 떠나 옆 사람 쪽으로 걸어가는 것이었습니다.

그때 예수님께서 비몽사몽간에 나타나셔서 "나는 그런 예수가 아니다. 사복음서를 읽어보아라." 하시기에 말씀을 묵상해 보았습니다. 예수님께서는 복음을 전하시다가 가난하고 병들고 소외된 자들을 돌보아주셨습니다.

"내가 주릴 때에 너희가 먹을 것을 주었고 목마를 때에 마시게 하였고 나그네 되었을 때에 영접하였고"(마 25:35).

"헐벗었을 때에 옷을 입혔고 병들었을 때에 돌보았고 옥에 갇혔을 때에 와서 보았느니라"(마 25:26).

"임금이 대답하여 이르시되 내가 진실로 너희에게 이르노니 너희가 여기 내 형제 중에 지극히 작은 자 하나에게 한 것이 곧 내게 한 것이니라 하시고"(마 25:40).

그러나 내 주머니에는 차비를 하고 남은 돈은 700원뿐이었습니다. '이 적은 돈으로 뭘 해줄 수 있겠나? 국수 한 그릇도 2천원인데….'
그때 내가 서울에서 직장을 쫓겨나서 추운 겨울에 창고에서 밤이 새도록 벌벌 떨며 온 밤을 지새우다가, 이른 아침에 일어나서 안개가 모락모락 피어오르는 수돗물에 비누도 없이 세수를 하고 아침햇살이 비쳐오면 햇살에 추위를 녹이며 굶주린 배를 움켜쥐고 망망대해를 바라보며 지새웠던 세월이 생각이 났습니다. 그때에 누군가가 따뜻한 오뎅 국물 한 그릇이라도 사주었더라면 그 은혜는 가슴속에서 영원히 잊지 않고 갚았을 것입니다.

그래서 말없이 떠나가고 있는 노숙자를 데리고 포장마차로 가서

500원을 주고 오뎅 하나와 국물을 사주었습니다. 노숙자가 아무 말 없이 고개를 숙이고 국물을 마시고 오뎅을 먹는 것을 보고 역 광장에 나와서 복음을 외칠 때, 어디에서 왔는지 내 몸에서 힘이 솟아나더니 내 몸으로 마음껏 외치는 목소리는 건너편까지 울려 퍼져 나갔습니다.

1시간 복음을 외치고 집으로 돌아오는 나의 가슴은 떠-억 벌어지면서 마치 개선장군처럼 당당한 발길이 되었습니다. 집에 돌아와서 잠이 들었는데 일어나 보니 10분밖에 잠을 자지 않았는데 마치 하루 종일 잠을 잔 것같이 편안하고 기뻤습니다.

그때부터 매일같이 전도하다가 그 많은 사람 중에 더 불쌍한 자가 있으면 찾아가서 데리고 오뎅을 사주었습니다. 그러다가 천원이 생기면 2명, 2천원이 생기면 4명에게 사주었습니다. 오뎅을 사주면 내 몸은 천지를 진동시키는 권능이 임해서 마귀들이 감히 대적할 수 없었습니다. 그때 주님께서 그냥 사주지 말고 기도하고 사주라고 하셨습니다. 4명을 데리고 광장에 서서 "주님의 은혜에 감사드립니다." 하고 기도할 때 노숙자들의 눈에서는 눈물이 어렸습니다. 주님은 이 종에게 가난한 자들을 부탁하시려고 증거를 보여주시고 계셨습니다.

노숙자 식사제공 봉사자들

56. 주님의 사랑

하루는 2만원이 있어서 노숙자 네 명을 데리고 기도를 드린 후에 식당으로 가서 쇠고기국밥을 대접하고 기쁜 마음으로 밖에 나와서 복음을 전하고 있었습니다. 그때 식당 주인이 오셔서 노숙자를 왜 데리고 와서 장사를 방해하느냐고 화를 내는 것이었습니다. 내 속으로 지난 수년간 매일같이 팔아줄 때는 좋아서 고맙다고 하더니 조금만 손해를 본다고 안면을 싹 바꾸는가 하고 기분이 나빴습니다.

주인을 따라 식당에 들어서니까 나이가 많으신 노숙자가 술을 달라고 소리를 지르고 있었습니다. 소리를 지르지 못하게 하기 위해서 "빨리 잡숫고 나갑시다." 하였지만 아랑곳하지 않고 소리를 지르는 것이었습니다. "이러다가는 안되겠네." 팔을 끌어당기면서 나가자고 해도 꿈쩍도 하지 않고 술을 달라고 고함을 질러댔습니다. '내가 봐도 화가 치밀어 오르는데 주인의 심정은 어떻겠는가?' 이제야 주인의 마음을 이해할 수가 있었습니다. '밥을 먹지도 않고 나가자고 해도 나가지도 않으니 이거 큰일났네. 모처럼 쇠고기국밥 한 그릇에 5천원 주고 4명을 대접했더니 이것이 무슨 꼴인고!' 마음이 씁쓸해졌습니다.

얼마나 시간이 흘렀을까. 내 속에서 지난날 '예수님이시라면 어떻게 하실까'라는 책이 생각나서 '예수님, 이럴 때 어떻게 하면 좋습니까?'

하고 물었습니다. 그때 주님께서 "먹으면 갈 것이다."라고 말씀하시기에 "먹지 않는데요." 하니까 "퍼넣어라." 하시기에 숟가락에 밥을 떠서 들고 있다가 입술이 조금 벌어지면 강제로 퍼넣어 버렸습니다. 밥을 입에 물고 중얼중얼하면서 눈을 지그시 감고 지근지근 씹고 있는데, 보니 세수를 얼마나 하지 않았던지 새까만 얼굴이 눈물콧물이 줄줄 흘러내리니까 하얀 고랑이 져서 너무 더러워서 차마 눈을 뜨고 볼 수 없을 정도였습니다.

밥을 숟가락에 떠서 들고 있다가 꿀꺽하는 소리가 나면 눈을 떠서 고함을 지르지 못하도록 하기 위해서 재빨리 퍼넣었습니다. 퍼넣고 퍼넣고 또 퍼넣다 보니 어느 새 밥그릇이 바닥이 나고 말았습니다. '이제 큰일났네. 또 술을 달라고 고함을 칠 텐데….' 걱정이 앞섰습니다. '그렇다고 술을 사줄 수 없으니 어떻게 하면 좋을까?' 이제 그 노인의 처신만 바라고 서 있었습니다.

그때 믿기지 않는 놀라운 광경이 벌어졌습니다. 입에 있는 밥을 꿀꺽하고 삼키고 나서 컵에 있는 물로 입을 가시더니 에헴 하고 헛기침을 한번 하고 난 다음 정자세를 하고 나를 쳐다보면서, "당신 나 예수 만났고, 나 당신 예수 만났습니다." 하실 때 내 눈이 번쩍 뜨였습니다. '세상에 이럴 수가! 저 입에서 이 귀한 진리가 나오다니!' 나는 잠시 어안이벙벙해졌습니다. 그때 주님께서 "이 진리는 수십억 주고도 안 바꾼다." 하실 때 지금까지 깨닫지 못한 하나님의 비밀을 알게 되니 내 마음은 하나님의 품에 안긴 것같이 기뻤습니다.

내가 자주 가는 거룩한 성산인 갈분기도원에 갈 때마다 60년 동안 산에서 철야기도를 하시는 김은호 장로님과 같이 기도하면서 내가 만난 예수님 이야기를 자주 들려준 적이 있었습니다. 장로님께서 옹천장에 가셨다가 노숙자가 돈을 달라 하기에 주머니를 다 털어서 노숙자에게 다 주고 나니 1,500원 차비가 없어서 10km를 걸어서 기도원으로 돌아오는데 찬양이 저절로 나오고 춤이 절로 나와서 춤추고 찬양하다 보니 언제 기도원까지 왔는지 몰랐다고 했습니다.

밤에 산에서 기도하다가 꿈을 꾸었는데 예수님이 서 계시고 옆에는 좁은 문이 있는데 주님께서 "이 문으로 나가라."고 하시기에 작은 가방을 들고 좁은 문 겨우 빠져 나왔다고 합니다. 장로님의 뒤를 따라오고 있는 수많은 사람들의 손에는 큰 보따리가 들려져 있었는데, 주님이 계신 좁은 문 앞에 와서 보따리가 커서 좁은 문으로 나갈 수가 없어서 뒤돌아서 가고 있었습니다. 주님 앞에서는 손에 든 보따리를 놓을 수가 없어서 결국은 뒤로 돌아서 가더라고 했습니다.

"좁은 문으로 들어가라 멸망으로 인도하는 문은 크고 그 길이 넓어 그리로 들어가는 자가 많고 생명으로 인도하는 문은 좁고 길이 협착하여 찾는 자가 적음이라"(마 7:13-14).

"내 형제들아 만일 사람이 믿음이 있노라 하고 행함이 없으면 무슨 유익이 있으리요 그 믿음이 능히 자기를 구원하겠느냐 만일 형제나 자매가 헐벗고 일용할 양식이 없는데 너희 중에 누구든지 그에게 이르되 평안히 가라, 덥게 하라, 배부르게 하라 하며 그 몸에 쓸 것을 주지 아니하면 무슨 유익이 있으리요"(약 2:14-16).

"영혼 없는 몸이 죽은 것같이 행함이 없는 믿음은 죽은 것이니라"(약 2:26).

이야기가 끝나고 나니까 노인께서 "자, 이제 나갑시다." 하시더니 4명의 노인들이 밖으로 나가 고맙다고 인사도 한마디 없이 뒤도 돌아보지 않고 유유히 사라지는 것이었습니다. 그 뒷모습을 바라보다 나는 정신이 나간 사람처럼 광장에 나와서 왠지 모르게 오늘은 마음이 차분해져서 조용하게 복음을 전하고 있는데 주님께서 "무릎을 꿇어라." 하시기에 수많은 사람들이 지나가고 있는 가운데서 무릎을 꿇었습니다. 그때 주님께서 "내가 책임지마." 하시기에 그때는 무슨 뜻인지 몰랐습니다.

그 후 한 달 후에 목사안수를 받을 때 250만원이 필요했습니다. 그러나 내 돈은 한푼도 들어가지 않고 다른 성도들의 손길을 통해서 다 채워주셨습니다. 하나님의 선물은 결코 공짜가 없었습니다. 혹독한 희생을 치르고 난 다음, 아브라함을 축복하신 하나님께서 우리에게도 똑같은 과정이 있어야 한다는 것을 깨닫게 해 주셨습니다.

57.
1억을 주겠으니

전철에서 승객들이 내려오는 계단에 젊은이 하나가 웅크리고 앉아 있었습니다. 배가 고픈 모양이었습니다. 전도를 잠시 중단하고 계단에 올라가서 "젊은이, 혹시 배가 고프지 않습니까?" 하고 물어보니 "예, 배가 고픕니다." 해서 "갑시다. 내가 식사를 대접해 드리겠습니다." 하고 식당에 데려가서 백반을 대접하고, 광장에 나와서 복음을 외칠 때, 전능하신 하나님께서 나에게 능력을 부어주셔서 강하고 담대하게 외쳤습니다.

식사를 마치고 나온 젊은이가 내게 오더니 "경산에 내려갈 차비가 없으니 2만원만 꾸어주세요. 내려가서 보내드리겠습니다." 하기에 기분이 좋지 않았습니다. 그런 사람에게 많이 속았기에 믿지는 않았지만 식사를 대접하고도 기쁘지 않았습니다. 옛날 속담에 물에 빠진 사람을 건져주니까 내 보따리 내놓으라고 하는 것과 같았습니다. 내 주머니에는 돈도 없었지만 주고 싶은 마음이 없었습니다. 그래서 없다고 거절하고 말았습니다.

그러자 젊은이는 차표를 내보이면서 "어젯밤에 경산에 내려가는 차표를 끊어놓고 시간이 남았기에 지하도에서 추위에 떨고 있는 노숙자들에게 소주를 사주고 먹다 보니, 차도 놓치고 돈도 떨어져서 내려갈 차비가 없으니 내려가서 부쳐줄 테니 2만원만 꾸어주세요." 하기에 거짓말은 아닌 듯해서 식당에 가서 만원을 빌려서 주었습니다.

이튿날 전화가 걸려왔습니다.

"전도사님, 한번 만납시다."

"쓸데없는 소리하지 말고 가까운 교회에 나가세요."

거절했는데도 계속해서 전화가 왔습니다. 그래도 거절했더니 하루는 역에서 전도를 하고 있는데 옷을 깨끗하게 갈아입고 나타났습니다.

"전도사님, 다방에 가서 잠깐만 대화 좀 합시다."

"시간 없으니 그냥 가세요."

계속 복음을 외치고 있으니 "전도사님, 그러면 여기서 잠깐 대화 좀 합시다." 하기에 그렇게 하라고 했습니다.

"전도사님, 나는 시력 1급 장애자입니다. 그리고 고아입니다. 경산에 땅이 80평 있고 평당 1백만원입니다. 수원에 있는 친구에게 3천만원 빌려준 것이 있습니다. 전부 드릴 테니 나를 맡아주십시오. 나는 의지할 곳이 없습니다."

"나는 필요 없으니 교회나 잘 나가세요."

딱 잘라서 거절하고 전도를 계속했습니다.

"나는 대도 조세형 형과 감방 동기입니다. 그 형님에게 찾아가서 전도사님 이야기를 했더니 그러면 그분에게 네 인생을 맡겨도 된다고 하셨습니다. 그러니 제발 내 인생을 맡아주십시오."

거듭 간청을 했지만, 내 마음속에는 배 고픈 자에게 주는 것만 배웠지 받는 것은 배우지 않았기 때문에 완강히 거절하고 말았습니다. 그의 이름은 이성수였습니다.

교회를 개척하기 전에 산에서 60일 철야기도를 하고 마지막 날 이

성수씨가 찾아왔습니다. 그때도 자기를 부탁하였으나 식사대접만 해서 돌려보냈습니다. 그리고 몇 달 후에 목양교회를 개척하게 되었습니다. 나중에 깨닫게 된 것은 주님께서 가난한 자를 대접하게 하시고 교회 개척자금을 선물로 주신 것을 몰랐던 것입니다.

하나님은 이 종에게 고아와 과부, 병든 자, 가난한 자, 귀신 들린 자들을 붙이시고 고쳐주시고, 그들을 통해서 교회를 이끌어 가고 계셨습니다.

"그러므로 누구든지 이 계명 중의 지극히 작은 것 하나라도 버리고 또 그같이 사람을 가르치는 자는 천국에서 지극히 작다 일컬음을 받을 것이요 누구든지 이를 행하며 가르치는 자는 천국에서 크다 일컬음을 받으리라 내가 너희에게 이르노니 너희 의기 서기관과 바리새인보다 더 낫지 못하면 결코 천국에 들어가지 못하리라"(마 5:19-20).

"주 여호와의 영이 내게 내리셨으니 이는 여호와께서 내게 기름을 부으사 가난한 자에게 아름다운 소식을 전하게 하려 하심이라 나를 보내사 마음이 상한 자를 고치며 포로된 자에게 자유를, 갇힌 자에게 놓임을 선포하며"(사 61:1).

58.
이제 저도
목회를 하겠습니다

비가 오나 눈이 오나 매일 낮 3시가 되면 역전에 나가서 복음을 전하다 보니 '오늘은 몸살 감기 기운이 좀 있어서 쉬어야겠다.'는 생각이 들었습니다. 그날은 밖에는 진눈깨비가 내려서 춥고 눈을 맞으며 전도해야 할 일을 생각하니 엄두가 나지 않았습니다.

오늘은 좀 쉬는 것이 좋겠다 생각하고 이불을 뒤집어쓰고 자리에 누웠습니다. 밖에는 진눈깨비가 내려서 을씨년스러운데 따뜻한 아랫목에 누우니 일어나기가 싫었습니다. 그러나 전도에 훈련된 내 영이 나의 육체를 편히 쉬게 두지 않았습니다. 전도해야 된다는 열망으로 가득했습니다.

귀찮은 몸을 일으켜 세우고 자리에서 일어나서 따뜻한 옷을 입고 문 밖으로 나섰습니다. 진눈깨비를 맞으며 83번 버스를 타고 수원역을 향해 가면서 기도를 계속하였습니다. "주님, 오늘은 그냥 서 있다가 시간만 때우고 돌아오겠습니다." 기도하며 가다 보니 어느덧 수원역에 도착하게 되었습니다. 어깨띠를 하고 버스에서 내리자마자 우레와 같은 소리가 내 안에서 솟아나왔습니다. 지하도를 지나가는 동안에도 성령님의 강권적인 역사가 일어났습니다. 광장에 서서 전철에서 쏟아져 내려오는 수백 명의 승객을 향해 복음을 외쳤습니다. 이상하게도 영혼들이 불쌍해서 눈물을 흘리면서 복음을 외쳤습니다. 잃어버린 목자의 심령으로 양을 부르고 있을 때, 어떤 남자분이 따뜻한 우유를 한 컵 들고 와서 "잠깐만 이야기합시다." 하기에 승객들이 다 지나간 다음 그 남자분과 대화를 나누었습니다.

"목사님, 내가 목회를 그만두고 방황한 지가 5년이 지났습니다. 삶의 의미를 잃어버리고 정처없이 살아가고 있었습니다. 그런데 오늘은 이상하게도 전철 안에서 계속 눈물이 나면서 '내가 왜 이러지? 내가 왜 목회는 안하고 방황하고 있는 거지?' 하면서 속으로 눈물을 하염없이 흘리며 울었습니다. 그런 중에 전철에서 내리자마자 500미터나 되는 거리인데 목사님의 애절한 목소리가 들려오는데, 내 심령이 감동 감화되어 단숨에 달려왔습니다. 목사님의 목소리를 듣는 순간 용기가 생겨나면서 나도 이제 목회를 해야겠다고 다짐을 하면서 내려왔습니다. 목사님, 감사합니다."

기쁨으로 떠나가는 모습을 보면서 하나님의 은혜에 감사했습니다. 한 알의 밀이 땅에 떨어져 죽으면 많은 열매를 맺게 된다고 주님께서 말씀하셨습니다. 인간의 한계를 초월하신 하나님, 내 입으로 도저히 감당할 수 없을 때 찾아오셔서 이끌어내시고 한 영혼을 구원하시고 인도하시는 것을 보게 하셨습니다. 예수님은 밤마다 산에 올라가셔서 기도하시고 낮에는 잃어버린 양을 찾아나서서 주의 백성들을 죄악에서 건져주셨습니다. 그 주님의 사랑이 오늘도 나에게 나타나셔서 희생의 제물을 받으시고 잃어버린 영혼을 찾으시고 인도해주셨습니다.

집을 나설 때는 괴롭고 고통스러웠지만 돌아올 때에는 기쁨으로 단을 가지고 돌아오게 하신 주님께 감사와 영광을 돌려드립니다.

울며 씨를 뿌리는 자는 기쁨으로 단을 가지고 돌아오리로다.

59.
감람산 기도원에서

감람산 기도원에 기도하러 들어가기 전날 밤 꿈을 꾸었습니다. 큰 계곡이 있고 그 중간에는 큰 강이 있는데 물이 말랐습니다. 건너편에는 어느 목사님께서 성도를 앉혀 놓고 설교를 하고 있었습니다. 건너가고 싶었으나 골이 깊어 건너갈 수가 없었습니다.

그때 갑자기 소나기가 쏟아지더니 큰 계곡이 가득하게 큰물이 내려왔습니다. 헤엄을 쳐서 목사님이 설교하는 곳에 가서 설교를 듣다가 설교가 마음에 들지 않는다고 마음속에서 칼이 나오더니 목사님을 향해 찌르려고 했습니다. 몇 번이고 반복해서 칼이 나와서 목사님을 찌르려고 하니까 천사 두 명이 나타나더니 나를 데리고 가는 것이었습니다.

꿈에서 깨어난 후 '내가 목사님에게 대적한 죄로 내가 지옥으로 끌려가는구나.' 하고 그때부터 3일 금식을 하고 기도원에 올라가서 밤낮으로 나라와 민족을 위해 구국의 사명을 감당한 후 나의 죄를 회개하기 시작했습니다. 눈물로 회개의 기도를 드리다 보니 손과 발이 시려서 아픈데도 아랑곳하지 않고 회개에 전념하였습니다.

새벽 4시에 일어나서 꽁꽁 얼어붙은 낙엽송 밭에 두 무릎을 꿇고 두 손을 높이 들고 하늘에 계신 하나님을 향해 울부짖었습니다. 울부짖는 소리는 옥계리 뱀사골 큰 계곡에 울려퍼져 나갔습니다.

이상한 일이 벌어졌습니다. 낙엽송 밭에 무릎을 꿇고 기도를 시작할 때면 어디에서 날아왔는지 수십 종의 수백 마리의 새가 날아와서 자기네들끼리 무엇이라고 하는지 새들의 합창소리가 골짜기 전체에 울려퍼져 나갔습니다. 나는 하나님을 향해 울부짖으며 하늘을 향해 기도하고 새들은 새들대로 하늘을 향해 지저귀는 것이었습니다. 내 울부짖는 기도소리와 새들의 노랫소리가 합창이 되어 골짜기가 떠나갈 듯하였습니다. 이런 아름다운 광경은 이 세상 어느 곳에서도 볼 수 없을 것 같고, 앞으로도 영원히 그 아름다운 광경은 볼 수가 없을 것이라고 생각했습니다. 추위와 외로움도 잊은 채 천국과도 같은 환경 속에서 기도하는 것이 행복했습니다.

기도시간이 다 되어갈 때쯤이면 한 마리도 남지 않고 어디론지 훌쩍 날아가 버립니다. 40일 동안 새들이 나의 친구가 되어 외롭지 않고 기도의 승리를 할 수 있도록 도와주었습니다. 하늘에 계신 하나님께서 나의 사명을 잘 감당하도록 새들을 보내주셨던 것입니다. 왜냐하면 40일 기도가 끝나고 성도들이 많이 왔을 때 다시는 오지 않았습니다. 자연을 통해서 하나님은 항상 인도해 주셨습니다. 40일이 끝나고 나니 나의 죄 문제가 해결되었습니다. 내 마음이 새롭게 변화되었습니다.

나중에 보니 내가 기도하던 자리의 바위의 모습이 말의 얼굴과 똑같았습니다. 40일 동안 밤과 새벽에 마치 말처럼 쉬지 않고 열심히 부지런히 달려왔던 것입니다. 기도의 승리자가 될 수 있었습니다.

그 후 60일 산에서 철야기도를 시키시고 수원에 있는 권선동 시장 앞에 60평 지하교회를 주셨습니다. 개척예배를 드릴 때 총회장님을 모시고 100명의 주의 종들과 성도들이 모여서 하나님께 예배드리고 영광을 돌렸습니다.

"그리스도의 은혜로 너희를 부르신 이를 이같이 속히 떠나 다른 복음을 따르는 것을 내가 이상하게 여기노라 다른 복음은 없나니 다만 어떤 사람들이 너희를 교란하여 그리스도의 복음을 변하게 하려 함이라"(갈 1:6-7).

60. 생명수

골짜기의 소나무 아래에 무덤 같은 것이 있었습니다. 무덤 옆에서 기도하는 것이 별로 기분이 좋지 않았지만 왠지 모르게 기도가 하고 싶었습니다.

며칠 기도하다가 보니 무덤같이 생긴 봉우리 앞에 손바닥만 한 바위가 나와 있었습니다. 성경책을 놓기에 너무 좁아서 바위에 있는 흙을 쓸어내니까 바위가 계속해서 흙 속에서 나오는 것이었습니다. 봉우리 전체의 흙을 쓸어내다 보니 우리나라 지도가 나오고 옆에는 다른 나라 지도가 놓여 있었습니다. 흙을 다 걷어내고 보니 두 나라 지도가 나란히 놓여 있었습니다. 사방에 흩어진 돌을 주워서 울타리를 세웠습니다. 소나무까지 돌을 세웠는데 마지막 마무리 부분에 가서 사람이 다듬은 것같이 만들어져서 규격이 딱 맞게 되어 있었습니다.

이곳이 구국의 제단 번제단이라 생각하고 나라와 민족을 위해 기도하기 시작했습니다. 어느 날 기도하고 꿈을 꾸었습니다. 구국의 제단 옆에서 맑은 샘물이 솟아 나와서 골짜기를 타고 내려가고 있는데 기도하고 있는 내 옆에서 숭어 같은 큰 물고기가 힘이 없어 비실거리며 올라와서 웅덩이에서 한참 놀더니 점점 소생하기 시작하여 나중에는 생기가 넘치는 싱싱한 물고기가 되었습니다.

조금 후에 보니 또 한 마리가 올라와서 웅덩이에 머물러 있더니 원기가 점점 왕성해져서 원상회복이 되었습니다. 아래쪽을 내려다보니 수많은 물고기들이 물을 따라 올라오고 있었습니다. 그런데 중간에서 큰 물고기가 입을 크게 벌리고 물고기를 잡아먹으려고 하자 물고기들이 위쪽으로 올라오지 못하고 아래쪽에서 비실거리고 있었습니다. 물이 어디까지 흘러가는가 확인하려고 내려가 보니 골짜기에서부터 흘러내려오는 물이 흘러가서 바다에 내려가니까 바닷물이 오염이 되어 구정물같이 되어 고기들이 숨을 쉬지 못해서 모래사장에 올라와서 숨을 헐떡거리며 살기 위해 몸부림을 치고 있었습니다. 물고기는 물에 들어가야 숨을 쉬면서 살 수가 있는 것입니다.

잠에서 깨어나서 무슨 뜻인가 생각해 보았습니다. 그때에 몇 명의 목사님들이 교회도 없이 갈 바를 몰라 방황하며 헤매다가 감람산 기도원에 와서 은혜받고 교회를 세우고 목회를 잘하고 있는 것을 봅니다. 러시아에서 온 선교사님은 6년 동안 선교를 했지만 재미가 없었는데 기도원에서 보름을 기도하고 다시 러시아에 가서 2년 동안 선교하고 돌아와서 하는 말이 기쁘고 즐겁고 행복하게 선교하고 돌아왔다고 했습니다.

나도 구국의 제단에서 60일 철야기도하고 수원에 목양교회를 개척하고 난 다음, 오는 사람마다 새사람이 되어서 아름다운 모습으로 변화된 사람이 수십 명이나 되고 말기암 환자가 하룻밤 자고 기도를 받았는데 얼마나 아름다워졌는지 남편과 딸들이 감탄을 연발했습니다. 우리 교회에서 세미나가 있었는데 강사님의 친척 되는 여자 전도사님이 시골 아줌마 같았는데 교회에서 하룻밤을 자고 이튿날 얼마나 아름다운지 신기하다고 생각했습니다. 예배시간에 간증을 했습니다. 아침에 일어나서 거울을 보니 얼마나 아름다운지 본인도 놀라고 감탄을 하고 있을 때 주님께서 "목양교회에서는 잠만 자도 예뻐진다. 내일 예배 시간에 간증을 해라."하고 말씀하셨다고 합니다.

50명의 목사와 사모님이 세미나에 와서 참석을 했습니다. 처음에 올 때는 얼굴이 살벌했습니다. 그러나 다음 주에 올 때 보니 아름다운 모습으로 오셨습니다. 이 사건은 거짓말 같은 진실입니다. 계곡에서 내려오는 생수는 곧 이 종의 마음속에서 솟아나온 눈물의 기도였습니다. 내 조국을 위해, 이 민족을 위해 새벽마다 밤마다 한없이 울면서 골짜기가 떠나가도록 울부짖으며 7년이란 세월을 보냈던 것입니다.

예수님의 희생으로 우리는 구원을 얻었습니다. 그러면 이 땅에서는 한 사람의 희생으로 많은 사람이 구원을 얻게 됩니다. 평화를 누리게 됩니다. 여자 청년 하나는 어머니가 장사하고 돌아와도 움직이기 싫어서 설거지도 못 했는데 우리 교회에 저녁마다 기도회에 참석해서 은혜를 받고 새사람이 되어서 교회에 오면서 가면서 열심히 전도를 하고 있다고 합니다. 김○○ 청년은 9년 동안 정신병원에 있다가 나와서 동맥을 면도칼로 끊고 피를 흘리며 왔는데, 보름 만에 병도 고치고 담배도 끊고 새사람이 되었습니다.

"또 그가 수정같이 맑은 생명수의 강을 내게 보이니 하나님과 및 어린 양의 보좌로부터 나와서 길 가운데로 흐르더라 강 좌우에 생명나무가 있어 열두 가지 열매를 맺되 달마다 그 열매를 맺고 그 나무 잎사귀들은 만국을 치료하기 위하여 있더라"(계 22:1-2).

61. 잠수함 발견

학교에서 수업을 마치고 교회로 돌아오니 밤 11시가 되었습니다. 원장님과 부원장님은 횡성에 있는 감람산 기도원으로 가시면서 새벽예배 인도를 맡기셨습니다. 기도의 분량을 채우려고 소강대상 앞에서 기도를 하고 잠을 청하였습니다. 그러나 잠은 오지 않고 모기가 물어뜯는 바람에 잠을 잘 수가 없었습니다. 산에서 철야기도를 해도 모기에 뜯긴 일이 없었는데 오늘은 웬일인지 모기가 물어서 잠을 잘 수가 없었습니다.

'이왕에 모기 때문에 잠을 자지 못할 바에야 기도나 하자.' 하고 피곤한 몸을 일으켜 세우고 두 무릎을 꿇고 기도를 시작했습니다. 그런데 이상한 것은 다른 기도는 나오지 않고 나라와 민족을 위한 기도만 나오는데 '북한의 악한 꾀를 버리게 하나님 도와주시옵소서.' 이 기도만 계속해서 되풀이했습니다. 온 밤을 새워 '북한의 악한 꾀를 버리게 하시고 악한 꾀가 드러나서 부끄러움을 당하게 도와주시옵소서.' 기도하다 보니 어느덧 새벽예배 시간이 되었습니다. 새벽예배를 인도하고 난 다음 방에 돌아와 텔레비전을 켰습니다. 전에는 텔레비전을 보지 않았는데 오늘은 이상하게도 새벽예배가 끝나자마자 텔레비전 앞으로 달려가는 것이었습니다.

스위치를 켜자마자 강릉 앞마다에서 잠수함이 발견되었다는 소식이 보도되고 있었습니다. 택시 기사가 지나가다가 달빛에 이상한 물체가 있기에 자세히 보니까 잠수함이었다고 합니다. 경찰에 신고해서 경찰이 출동해 보니까 잠수함 스크류가 바위에 걸려서 못 빠져 나가서 잠수대원들이 잠수함을 버리고 산으로 도망을 친 후였다고 했습니다. 예비군이 동원되고 온 나라가 비상이 걸렸습니다. 군인과 경찰과 예비군이 수색을 계속하자 공비 열두 명은 자폭을 했고, 두 명은 산으로 도주하다 보니 이 집 저 집을 거쳐간 흔적들이 속속 드러났습니다. 한 명은 붙잡혔고 한 명은 북한으로 도주했다고 방송되었습니다. 붙잡힌 공비의 자백에 의하면 이번이 네 번째라고 했습니다. 고도의 훈련과 기술을 닦은 공비들이 운전 미숙으로 스크류가 바위에 걸린다는 것은 있을 수 없는 일이라고 했습니다. 그런데 스크류는 바위에 걸렸습니다.

그때 하나님께서 말씀하셨습니다.

"배 한 척에 타고 있는 공비 몇 명 때문에 수만 명의 군인·경찰·예비군이 동원되어 산업이 마비되었는데, 3면이 바다인 이 나라에 잠수함 수십 척을 투입시키고 공비를 풀어놓으면 온 나라가 마비가 될 것이다. 그래서 내가 이 백성들이 정신을 차리라고 북한의 악한 꾀를 드러내 전 세계에 알리고 이 백성들의 정신을 깨우치기 위해서 사랑하는 종을 통해 하나님이 하신 일을 전 세계에 알리려고 기도를 시킨 것이다. 그렇지 않으면 나 여호와가 통치했다는 것을 누가 알겠느냐? 그래서 책을 써서 세상에 알리라는 것이다."

"여호와를 경외함이 지혜의 근본이라 그의 계명을 지키는 자는 다 훌륭한 지각을 가진 자이니 여호와를 찬양함이 영원히 계속되리로다"(시 111:10).

이튿날, 횡성에 있는 기도원에서 박 집사님에게 전화가 왔습니다.
"전도사님, 김 집사님 식당에 가셔서 고기를 실컷 잡수세요. 돈은 내가 내겠습니다."

그러나 별 관심이 없이 지나쳤습니다. 일주일이 지난 후 또 전화가 걸려 왔습니다. "전도사님, 김 집사님 식당에 가셔서 고기를 잡수셨나요?" 하기에 "아닙니다." 했더니 "꼭 가서 잡수세요." 했으나 여전히 거절했습니다.

한 달이 지나서 기도원에서 내려와서 "왜 고기를 안 잡수셨나요?" 하기에 "박 집사님, 왜 고기를 사주시려고 하십니까?" 하고 물었더니 "나도 몰라요. 성령님이 하라고 하셨어요." 하는 것이었습니다. 그래서 깨닫기는 밤을 새워서 나라와 민족을 위해서 하나님께 기도를 시키시고 하나님은 통치하시고, 수고한 종에게는 수고했다고 품값으로 고기를 먹여주시려고 하신 것을 알게 되었습니다. 엘리야에게도 갈멜산에서 바알 선지자 450명과 대결하게 하시고 아합의 칼날을 피해서 그리심 골짜기에 숨어 있을 때 까마귀를 통해서 고기를 먹여주셨습니다.

이 종이 중국에서 공안에게 잡혀갔다가 풀려나서 일본에 건너가서 복음을 전하려 할 때, 주방에서 수고하시는 이 선교사님에게 주님께서 이번에 김 목사가 오면 최고의 대접을 해주라고 해서 담임목사님에게 돈을 타내서 최고의 요리를 대접해 주었습니다.

내 평생에 이렇게 귀한 요리를 대접받기는 처음이었습니다. 하나님 앞에서 선한 일을 행하는 자는 결단코 상을 잃지 않게 해주시는 것이 하나님의 뜻임을 눈으로 보고 증거합니다.

> "주 여호와께서는 자기의 비밀을 그 종 선지자들에게 보이지 아니하시고는 결코 행하심이 없으시리라"(암 3:7).

62. 나는 싸우러 온 것이 아니다

가랑비가 부슬부슬 내리는 수원역 광장에서 전철에서 쏟아져 내려오는 수백 명의 승객들을 향하여 복음을 외치고 있는데 키가 큰 술 취한 사람이 내게 오더니 긴 우산으로 내 배를 쿡쿡 찌르면서,
"일이나 해처먹지, 시끄럽게 왜 소리는 지르고 그래?"
하는 것이었습니다. 나는 기분이 나빠서 덤벼들어 보았지만 내 힘이 부족하여 그 사람을 이길 수 없어서 하는 수 없이 포기하고 다른 쪽으로 고개를 돌리고 외쳤습니다. 그러니까 나를 따라다니면서 배를 쿡쿡 찌르는 것이었습니다.

수많은 승객들이 나의 곤고함을 바라보며 지나가고 있었습니다. 이리 가면 이리 따라오고, 저리 가면 저리 따라오고 심령이 괴로워하면서 쉬지 않고 계속 외쳤습니다.

얼마나 시간이 흘렀을까. 참으로 괴로운 심정으로 외치는데 옆에서 복음을 전하고 있던 선배님이신 이광복 목사님께서 그 사람을 끌고 파출소로 갔습니다. 이제 마음이 홀가분해져서 편안한 마음으로 복음을 전하는데 깡패같이 생긴 두 젊은이가 오더니 큰 주먹을 쓰다듬으면서 오늘 이거 죽일까, 살릴까 하고 공갈·협박을 하는 것이었습니다.

겁이 나서 정신이 아찔하였습니다. 수많은 사람들 앞에서 죽도로 얻어맞는 꼴을 상상하니 온갖 두려운 생각이 스쳐 지나갔습니다.

'아이고, 오늘 과연 어떻게 될까? 그리고 얼굴을 얻어맞고 퉁퉁 붓고 시퍼렇게 멍이 들어서 강대상에서 어떻게 설교를 할까? 혹시라도 코뼈가 부러지고 이빨이 부러지지나 않을까?'

그때 갑자기 불쑥 용기가 생겼습니다.

'이왕에 얻어맞을 바에야 한 번 싸워나 보자.'

나는 용기를 내어 한 발 뒤로 물러서면서

"그래, 한 번 붙어보자."

라고 말하려고 하는 순간, 주님께서

"나는 싸우러 온 것이 아니다. 복음을 전하려고 왔다. 사복음서를 읽어보아라."

하시기에 금방 자세를 바꾸어서 깡패의 어깨를 웃으면서 어루만지며,

"하나님은 당신을 사랑하십니다." 하고 말해주었습니다.

"하나님이 있기는 뭐 있어?"

그 사람이 이렇게 말할 때 속에서는 기분이 나빴지만 다시 한 번 "하나님은 당신을 사랑하십니다." 하고 등을 쓰다듬어 주었습니다.

그러자 그는 옆에 서 있는 자기 친구에게,

"야, 이제 되었다. 가자, 가자."

하더니 뒤도 돌아보지 않고 유유히 사라져 갔습니다.

'나는 뭐야? 닭 쫓던 개 지붕만 쳐다본다고 하더니 내가 그 꼴이 되었네?'

나는 허탈해진 채 그들의 뒷모습을 바라보다가 괴로움도 슬픔도 다 잊어버리고 버스를 타고 교회로 돌아왔습니다.

"의를 위하여 박해를 받은 자는 복이 있나니 천국이 그들의 것임

이라 나로 말미암아 너희를 욕하고 박해하고 거짓으로 너희를 거슬러 모든 악한 말을 할 때에는 너희에게 복이 있나니 기뻐하고 즐거워하라 하늘에서 너희의 상이 큼이라 너희 전에 있던 선지자들도 이같이 박해하였느니라"(마 5:10-12).

그 후 밤 1시가 넘어서 칠보산에 40일의 작정기도를 하려고 올라갔습니다. 산꼭대기 내 기도자리 옆에 세워진 정자 앞에 송아지만한 셰퍼드가 버티고 서서 나를 보고 짖어댔습니다. 정자에는 젊은이 두 사람이 이불을 깔고 누워 있었습니다. 그 옆이 내 기도자리인데 너무 가까워서 미안한 마음이 들어서 멀리 떨어져 있는 기도자리로 자리를 옮겨서 부르짖으며 기도를 하고 있는데, 발자국 소리가 나는가 싶더니 내 앞에 와서 하는 말이,

"조용히 합시다. 우리도 기도하려고 왔는데 조용하게 속으로 기도하세요."

하기에 내가 따졌습니다.

"내가 당신들을 생각해서 옆에 있는 기도자리에서 안하고 여기까지 왔는데 왜 방해하는 겁니까?"

"그래도 조용히 하라면 해!"

아예 반말을 하면서 덤벼드는 것이었습니다.

'이거 보통일이 아닐세. 산꼭대기에서 아무도 없는 깊은 밤중에 깡패들에게 맞아죽어도 아무도 모를 텐데, 여기서 순교하는 것 아닌가? 그래, 한 번 붙어보자. 이래 죽으나 저래 죽으나 죽기는 마찬가지다.'

하고 덤벼들었습니다. 힘이 나보다 훨씬 강했지만 나에게는 하나님이 계시니 담대하게 덤빌 수 있었습니다. 그런데 송아지만한 셰퍼드가 내

손등을 혀로 핥고 있었습니다. 조금만 움직이면 꽉 물어버릴 기세였습니다. 이러지도 못하고 저러지도 못하고 그냥 서서 말로 싸움을 하고 있을 때, 아침에 국민일보에서 일제시대 때 만주에서 일어났던 기사를 읽었던 것이 생각이 났습니다.

우리나라에서 일본 사람을 피해서 만주로 가서 산 너머에 있는 장로님의 소를 키워서 송아지를 낳으면 수입금을 반씩 나누어 가지는 배내기를 하기로 하여 소를 키우다 보니, 산적들이 재산을 빼앗아가고 사람도 죽인다고 해서 밤에 몰래 산을 넘어서 장로님 댁으로 가고 있는데 산적들이 나타나서 소를 빼앗고 이 사람도 죽이려고 할 때, 예수를 잘 믿는 이 사람은 무릎을 꿇고 울면서,

"아버지 하나님, 나를 불쌍히 여겨 주시옵소서. 내 조국에서 일본 사람을 피해서 살기 위해서 만주에 왔는데 오늘 내 민족에게 죽게 되었습니다. 전능하신 아버지 하나님, 나를 구원해 주시옵소서."

하고 기도하다 보니 산적들이,

"이 사람은 나쁜 사람이 아니고 좋은 사람이니 죽이지 말고 소도 두고 갑시다."

하고 그냥 갔다는 기사를 생각났습니다. 저도 도저히 이 사람들을 이길 방법이 없기에, 바위에 앉은 채로 눈물로 기도하기 시작했습니다.

"아버지 하나님, 이 자리에서 17년이란 세월 동안 나라와 민족이 잘 되기를 기도했는데, 오늘에 와서 죽게 생겼습니다."

울면서 큰 소리로 기도하면서 눈을 뜨고 그 사람들이 어떻게 행동하나 하고 보니, 이 사람들이 갑자기 어리둥절해하면서 어쩔 줄을 몰라 했습니다. 계속 눈물로 큰소리로 부르짖어서 기도하고 있는데 내게 물었습니다.

"여보시오, 당신 교단이 어디요?"

"예, 장로교입니다."

"교회는 어디요?"

"예, 권선시장 앞에 있습니다."

때는 이때라 하고 담대하게 전도하였습니다.

"여러분도 예수 믿고 복을 받으시오."

"그러면 몇 시간 기도할 거요?"

"예, 두 시간 할 것입니다."

그러자 옆에 서 있는 친구에게,

"야, 우리는 이제 가자."

하더니 셰피드를 데리고 어둠 속에 유유히 사라져 갔습니다.

전도자는 사람들과 절대로 싸워서는 안된다는 것을 말씀하셨습니다.

"나는 마음이 온유하고 겸손하니 나의 멍에를 메고 내게 배우라 그리하면 너희 마음이 쉼을 얻으리니"(마 11:29).

"주께서 내 곁에 서서 나에게 힘을 주심은 나로 말미암아 선포된 말씀이 온전히 전파되어 모든 이방인이 듣게 하려 하심이니 내가 사자의 입에서 건짐을 받았느니라 주께서 나를 모든 악한 일에서 건져내시고 또 그의 천국에 들어가도록 구원하시리니 그에게 영광이 세세무궁토록 있을지어다 아멘"(딤후 4:17-18).

63. 목양교회를 개척하다

교회를 개척하고 보니 장마철에는 벽에서 물이 줄줄 흘러내렸습니다. 전기 스위치 박스에는 도랑물같이 물이 쏟아져 내려왔습니다. 앞일을 생각하니 앞이 캄캄했습니다.

'장마때가 되면 이런 일이 계속 반복될 텐데 어떻게 하면 좋단 말인가?'

물을 퍼내고 닦아내느라 밤잠을 설쳐야 했습니다. 도저히 해결할 방법이 없었습니다. 하는 수 없이 주님께, '이럴 때 어떻게 하면 좋겠습니까?' 하고 물었습니다. 그러자 건물 주위를 보여주시면서, '벽과 아스팔트 사이에 틈이 있을 것이다. 그 틈 사이를 시멘트로 채우면 될 것이다.' 주님께서 시키시는 대로 벽 사이의 틈을 시멘트로 채웠습니다. 그 후로는 한 방울의 물도 새어 나지 않았습니다.

그다음에는 전기박스의 물이 문제였습니다. 벽에 금이 있나 점검해 봤으나 이상이 없었습니다. 2층에 있는 화장실을 점검해 보아도 아무런 이상이 없었습니다. 마지막으로 옥상에 올라가서 바닥이 갈라졌나 찾아보았지만 바닥이 갈라진 곳이 보이지 않았습니다. 물이 계속해서 줄줄 흘러내리니까 혹시라도 감전이 되지 않을까 걱정이 되었습니다. 이전에 전기용접기에 감전되어 죽을 만큼 큰 고통을 겪은 것이 생각이 났습니다.

옥상에서 계속해서 어디에 이상이 있나 찾아 헤매다 보니 PVC 파이프에 구멍이 나 있었습니다.

'이 작은 구멍으로 그렇게 많은 물이 흘러내리는가?'

의심하면서 본드를 사다가 구멍에 채웠습니다. 그 뒤에는 한 방울의 물도 흐르지 않았습니다.

벽에 흐르는 물을 차단하고 난 후, 전도사 한 명과 신학생 3명을 먹여주고 재워주었습니다. 밤마다 기도소리가 끊이지 않았습니다. 그리고 이웃교회의 기도 많이 하는 권사님, 집사님들이 와서 함께 기도에 동참했습니다. 새벽기도회와 저녁기도회를 끊임없이 하다 보니 사방에서 찾아와서 기도하다가 갔습니다. 밤낮없이 성전의 문을 열어놓았습니다. 내 집은 만민이 기도하는 집이라고 하신 성경 말씀대로 만민이 기도하고 은혜받고 갔습니다. 어떤 문제를 가지고 왔든지 간에 문제가 다 해결이 되었습니다.

수원역에서 전도하다가 불쌍한 사람이 있으면 데려다가 씻기고 입히고 먹여주고 재워주었습니다. 그들이 때가 되니까 스스로 자기의 갈 길을 찾아 나갔습니다. 그 일을 7년 동안 하다 보니 교회 부흥에는 지장이 많았습니다. 성도들이 싫어하고 떠나가는 사람도 있었습니다. 술·담배 중독자가 와서 술담배 끊고 새사람이 되었습니다. 가정 파탄으로 방황하던 사람들이 변화되어 새사람이 되어 사업이 잘되어 아름다운 가정이 회복되었습니다. 그들이 교회 재정을 담당하게 되었습니다.

모든 수고가 결코 헛되지 않았습니다. 노숙자든지 어려움을 당했던 사람이든지 그들이 은혜를 받고 난 후에 와서 은혜를 꼭 갚아주었습니다. 3년이 지난 후 선교단체에서 우리 교회에서 5개월 동안 1박 2일

세미나를 했습니다. 아내 혼자서 거의 50명의 식사를 담당하다가 쓰러지기도 했습니다. 5개월 동안 수고하고 봉사했더니 아내의 눈을 하나님께서 치료해 주셨습니다. 안경을 쓰지 않아도 작은 글씨를 볼 수가 있었습니다. 그리고 5개월 동안 목사님과 사모님들의 머리를 공짜로 깎아주었던 미장원의 딸이 방황하다가 우리 교회에 와서 기도받을 때 그렇게 울더니 새사람이 되어서 피아니스트가 되어 독일에 유학을 가게 되었습니다.

그리고 세류역 앞에 300평 교회를 2억 7천만원에 경매에 유찰된 것이 있는데 사라고 연락이 왔는데 주님의 뜻인 줄 모르고 거절했습니다. 어떤 문제를 가져왔든지 간에 하나님께서 해결해 주셨습니다. 한 번은 노숙자를 데려다가 먹여주고 재워주었더니 새벽 예배시간에 아내에게 폭행을 가하였습니다. 쫓아내려고 하니까 주님께서 돌봐주라고 하시기에 나도 모르게 순종하게 되었습니다. 말소된 주민등록을 살려주게 하시고 동사무소에서 생활보호대상자로 선정되어 새사람을 만드신 후에 떠나게 하셨습니다.

수원역 앞에 해병대 전우회 사무실에서 매주 수요일에 두 번 150명의 노숙자들에게 최선을 다해서 식사를 제공했습니다. 선한 일을 하니까 주님께서 기쁘고 즐겁고 행복하게 해주셨습니다. 어느 때는 봉사자가 없어서 나와 아내가 150명분의 식사를 요리해서 대접했습니다. 너무 힘이 들어서 교회에 앉아서 눈물로 부르짖었습니다. 그다음 주에는 7명의 봉사자가 몰려왔습니다. 큰 교회에 다니는 집사님이 지나가시다가 '보니 교회는 작은데 어찌하여 수백 명이 기도하고 있는가?' 하고 문을 열고 보니 목사님 혼자서 기도하는데 수백 명의 기도소리가 나더라고 했습니다. 마침 사모님을 만나서 대화하다가 자기 교회의 성도들을 데리고 와서 3년 동안 봉사해 주었습니다.

사람들은 교회의 숫자를 계산하지만 주님께서는 작은 일에 충성하면 나중에 큰일을 맡기신다고 말씀하셨습니다.

개척교회는 어렵고 힘든 과정을 통과한 후에 정상적인 교회가 세워지는 것 같습니다.

> "주 여호와의 영이 내게 내리셨으니 이는 여호와께서 내게 기름을 부으사 가난한 자에게 아름다운 소식을 전하게 하심이라 나를 보내사 마음이 상한 자를 고치며 포로된 자에게 자유를, 갇힌 자에게 놓임을 선포하며 여호와의 은혜의 해와 우리 하나님의 보복의 날을 선포하여 모든 슬픈 자를 위로하되 무릇 시온에서 슬퍼하는 자에게 화판을 주어 그 재를 대신하며 기쁨의 기름으로 그 슬픔을 대신하며 찬송의 옷으로 그 근심을 대신하시고 그들이 의의 나무 곧 여호와께서 심으신 그 영광을 나타낼 자라 일컬음을 받게 하려 하심이라"(사 61:1-3).

64. 사촌누님의 교통사고 회복

개척 멤버인 사촌누님 김갑순 집사님이 건널목을 건너가시다가 택시에 부딪쳐서 교통사고를 당했습니다.

성빈센트 병원에 가니까 살아날 가망이 없다고 해서 동수원병원으로 갔으나 거기서도 가망이 없다고 해서 아주대병원에 갔는데 거기서도 똑같은 진단이 나왔습니다. 이제 집으로 모시고 가서 때를 기다리라고 해서 집으로 모시고 가다가 교회 가까이 있는 아주 작은 병원인 세한의원에 입원을 시켜놓고 연락이 왔습니다.

병원에 가서 보니 살아날 가망이 없었습니다. 산소호흡기를 쓰고 누워 있는 모습이 죽은 모습이었습니다. 얼마 전만 해도 아기를 태워서 다니는 보행기에다가 식당이 폐업해서 내놓은 깨끗한 그릇들을 싣고 와서 기뻐하는 모습이 얼마나 아름다운지 얼굴 꺼풀에서 흰 빛이 나와서 감히 쳐다보지 못했습니다. 모세가 시내산에서 40일 금식하고 기도하고 내려올 때 얼굴 꺼풀에 흰 빛이 나와서 감히 쳐다보지 못했듯이 김갑순 집사님의 얼굴에도 그러한 광채가 났었습니다.

어느 날 꿈속에서 자기의 침대에 예수님께서 누워 계셨다고 했습니다. 그렇게 아름답던 광채나던 얼굴은 어디 가고 새카맣게 죽어 있는 얼굴로 누워 있는 모습이 너무나 불쌍해서 눈물이 났습니다. 머리에 손을 얹고 간절히 기도했습니다.

'전능하신 하나님 아버지시여, 이름이 거룩히 여김을 받으시옵소서. 김갑순 집사님에게 기적을 나타내 주시옵소서. 개척멤버로서 그렇게 기뻐하시며 봉사하셨는데 큰 교회를 세워놓고 하나님께로 돌아가게 하시옵소서.'

불쌍해서 울었습니다. 그리고 교회로 돌아온 후 전도와 노숙자 식사 제공 때문에 심방을 못 갔습니다. 일주일 후에 주일예배를 드린 후 성도들과 함께 갔을 때 깜짝 놀랐습니다. 꿈같은 일이 일어나고 있었습니다. 죽음의 그림자가 걷히고 맑은 햇살이 비치는 것처럼 깨끗하게 치료가 되어서 산소호흡기를 떼어내고 깨끗한 모습으로 웃으면서 누워 있었습니다. 전능하신 하나님 아버지께 감사의 영광을 돌렸습니다.

퇴원하신 후에 감기도 걸리지 않으시고 건강하셨습니다. 아들이 병점으로 이사를 갔는데 버스를 두 번이나 갈아타시고 추우나 더우나 교회에 출석하시다가 10년을 더 사시다가 90세에 주님의 품으로 돌아가셨습니다.

"모세가 바다 위로 손을 내밀매 여호와께서 큰 동풍이 밤새도록 바닷물을 물러가게 하시니 물이 갈라져 바다가 마른 땅이 된지라"(출 14:21).

65. 강대상에서 흘린 눈물 (1)

수원에 있는 큰 기도원에서 여름 목회자 부부 세미나가 열렸습니다. 이단이라고 해서 몇 년 동안 가지 않았는데 기도원에 봉사하시는 김○○ 집사님께서 꼭 와보라고 해서 마지못해 갔습니다. 강사님께서 앉아서 설교하기에 은혜가 되어 나도 저렇게 한번 해봐야겠다고 생각했습니다. 강사님께서,

"나는 설교하다가 강도가 들어와서 손도끼로 내 허벅지를 찍어서 피가 다 빠져서 힘이 없어서 앉아서 설교한 지 9년이 되었습니다. 3시간 설교하고 가다가 쓰러집니다."

하시기에 힘이 들겠다고 생각하고, 세미나를 마치고 다음 겨울 세미나에 참석하였더니 이번에도 똑같은 말씀을 하셨지만 별다른 감정이 없었습니다.

"수원에 살면서 처음 오신 분 손 들어보세요."

강사님께서 말씀하기에 겨우 손을 드니까 강사님께서, "너무하십니다." 하고 서운한 것 같은 마음이 섞여 있었습니다. 그 음성은 마치 주님의 음성 같았습니다.

다음 여름 세미나에 갔을 때 또 강도 만난 이야기를 하실 때, 내 마음 속에서 나도 주의 일하다가 괴롭고 고통스러울 때 많은 종들의 도

움을 받고 새 힘을 얻었던 일을 생각하면서 마음이 아팠습니다. 세미나가 끝나고 교회로 돌아와서 밤을 새워 기도하는 가운데 강사님의 모습이 생각이 나서 불쌍히 여기는 마음이 들어서 마음에서부터 눈물이 나왔습니다.

'전능하신 아버지 하나님, 강사님의 교회는 수만 명의 성도가 있습니다. 의사도 많고 돈도 많은데 강사님의 병을 못 고쳤습니다. 9년이나 고생하고 있다고 합니다. 강사님을 고쳐주실 분은 전능하신 아버지 하나님밖에 없으십니다.'

6개월 동안 강단에서 마음의 눈물로 간절하게 기도했습니다. 여름 세미나 때 이번에는 제일 앞줄에서 다섯 번째 줄에 앉아서 은혜를 받고 싶은 감동이 왔습니다. 부목사님과 함께 일찍 출발해서 기도원에 도착했더니 벌써 중간쯤 자리가 차 있었습니다.

'여기서 은혜를 받으면 되겠네?'

부목사와 자리에 앉아서 기도하고 있는데 어떤 분이 오더니 제게 권하는 것이었습니다.

"저 앞에서 다섯째 줄에 두 자리를 마련해 놓았으니 와서 앉으세요."

"아닙니다. 여기가 좋습니다. 만약에 그 자리에 갔다가 이 자리까지 빼앗길 염려가 있으니 성의는 고맙지만 거절하겠습니다."

그러나 그분은 서서 계속 그 자리에 가자고 권면하기에 두려운 마음으로 따라가서 보니 담요로 자리를 깔아놓았습니다.

'혹시라도 주인이 와서 자리를 내어놓으라고 한다면 무슨 창피를 당하고 쫓겨 갈까?'

편치 않은 마음으로 기도를 드리고 앉아서 강사님이 나오시기를 기다렸습니다. 마침내 강사님이 나오시는데 얼굴을 보니 얼굴에 살이 많이 올라 있었습니다. 그 모습을 보니 마음이 기뻤습니다. 강사님께서 마이크를 잡으시더니 첫 마디가 "9년 만에 살이 쪘습니다." 하고 기뻐했습니다. 3시간 동안 설교하시는 동안 한 번밖에 자리에 앉지 않았습니다. 설교가 끝난 다음,

"나라와 민족을 위해서 기도하십시다. 기도하실 분 손을 드세요."

하는데 한 사람도 손을 드는 사람이 없었습니다.

나 혼자서 손을 들려니 쑥스러워서 나도 들지 않았습니다. 그때 주님께서, "너를 돕기 위해서 이렇게 하였는데 왜 강단에 올라가서 증거하지 않았느냐?"고 하시기에 부끄러웠습니다.

'주님, 주님의 뜻이라면 다음에 강단에 올라가서 간증할 수 있게 해주세요.'

이렇게 기도하고 다음 세미나에 갔습니다. 성전에서 목회자들이 줄을 서서 3시간씩 기다려서 접수를 하였습니다. 전에는 5분이면 접수가 되었는데 이상하다 했더니 조금 있다 보니 누가 큰 소리로, 목사님을 줄을 세워놓고 기다리게 한다고 호통을 치기에 보니 강사님이었습니다.

그 후로 5분 내로 접수가 이루어졌습니다. 저녁에 설교를 마치시고 난 다음, "오늘은 목사님들을 세워놓고 3시간이나 기다리게 했는데 참 이상한 일입니다." 하실 때, 주님께서 "나 때문입니다." 하고 크게 소리를 치고 강단에 뛰어 올라가서 간증하라고 하셨지만, 정말인가 하고 의심하고 그 자리에서 주저앉고 말았습니다.

주님께서는 나라와 민족과 복음을 위해서 함께 협력하라고 계시를 주시고 계셨습니다.

수원역 앞 해병대 전우회 사무실에서 노숙자 예배를 드릴 때 함께 찬양하는 윤○○ 집사님께서, "목사님, 서울에 있는 큰 교회에 예배드리려고 가셨나요?" "아니요." "목사님, 참 이상하네요. 텔레비전에서 그 목사님의 설교를 듣고 있는데 설교 중에 김두경 목사님은 얼굴도 모르고 인사도 안했지만, 그분이 나를 보면 모른 체 안할 거라고 하셨습니다." 할 때 깨달음이 왔습니다. 성령님은 우리의 깊은 것이라도 끄집어 내셔서 나타내시는 분이시라는 것을….

"모든 백성에게 이르되 보라 이 돌이 우리에게 증거가 되리니 이는 여호와께서 우리에게 하신 모든 말씀을 이 돌이 들었음이니라 그런즉 너희가 너희의 하나님을 부인하지 못하도록 이 돌이 증거가 되리라 하고"(수 24:27).

66.
강대상에서 흘린 눈물 (2)

동기생 김○○ 목사님 생일잔치에 여러 명의 목사님들이 초대를 받았습니다. 대접하기를 좋아하시는 김 목사님께서 목사님들을 위해 맛있는 회를 비롯해서 진수성찬을 차려놓고 하나님께 감사예배를 드렸습니다. 설교는 나이가 많으신 김○○ 목사님께서 하셨습니다. 설교는 30분이 지나도록 계속되었습니다.

예배를 드리던 목사님들과 성도들이 킥킥거리며 웃는 소리가 들려왔습니다. 나도 똑같이 우스운 생각이 들어 웃었습니다.

그때 주님께서 말씀하셨습니다.

"너희들은 맛있는 요리를 해놓고 예배를, 기도를, 간단하게 빨리빨리 하면서 나에 대한 진정한 깊은 감사가 없었다." 하실 때 부끄러웠으나 주님의 뜻을 알게 되니 감사하고 기뻤습니다. 주님의 말씀을 듣는 가운데도 김 목사님의 설교는 계속되고 있었습니다. 그때 설교하시던 김 목사님의 손에서 성경책이 땅에 떨어지는 것이었습니다. 이상한 예감이 들기에 얼굴을 쳐다보니 입가에서 침이 흘러내리고 있었습니다. 그리고 자리에 힘없이 비스듬히 앉으셨습니다. 능력이 있다는 목사님이 손가락 끝을 손톱으로 꽉 누르니까 "아야! 아야!" 하고 죽겠다고 소리를 질렀습니다. 그러나 시간이 지날수록 상태가 점점 심각해지는 것을 느꼈습니다.

"안되겠습니다. 동수원 한방병원으로 빨리 갑시다." 하고 차에 태워 병원으로 달려갔습니다. 내 무릎에 김 목사님의 머리를 얹고 가는데 불쌍해서 울었습니다. '노년에 이제 막 교회를 개척해 놓았는데 쓰러지시면 어떡합니까?' 하고 울고 있을 때 주님께서, "네가 강단에서 눈물을 흘릴 때마다 내가 고쳐주마." 하셨습니다. 주님과 대화를 하는 가운데 차는 어느덧 동수원 한방병원에 도착했습니다.

재빨리 응급실로 달려갔습니다. 의사 선생님께서 뇌파검사를 하시더니 "큰일날 뻔했습니다. 5분만 늦었어도 뇌의 혈관이 터져서 뇌수술을 해야 하는데, 다행히 29도에 머물러서 수술하지 않고 피를 말리면 되겠습니다."고 했습니다. 그 다음 날 병원에 갔더니 왼쪽 부분에 마비가 왔고 언어장애까지 와서 이제는 목회가 끝이 났고 평생 장애자로 살아가게 될 것 같아 불쌍하게 느껴졌습니다.

그날 밤 강단에서 철야기도를 할 때 주님의 말씀이 생각났습니다. "주님 말씀을 의지하고 기도하오니 주님, 기적을 나타내소서. 김 목사님의 중풍병을 깨끗이 고쳐주소서. 중풍병은 의사도 못 고칩니다. 주님만이 깨끗하게 고치실 수 있사오니 주님이시여, 기적을 나타내소서." 하고 간절하게 기도하니 눈물이 앞을 가렸습니다.

이튿날 병원에 찾아가보니 별다른 차도가 보이지 않았습니다. 그래도 밤마다 주님의 말씀을 의지하여 "기적을 나타내 주시옵소서!" 하고 눈물로 기도했습니다. 얼마 후 병원에 갔더니 조금밖에 차도가 나타나지 않았습니다. 거의 1년이 다 되었습니다. 이날따라 더욱 간절하게 눈물의 기도를 드리면서 "주님, 김 목사님 기뻐 뛰어와서 기쁨으로 만나도록 기적을 나타내소서." 하고 기도하고 이튿날 우리 교회에서 부흥회가 열리고 있었는데, 예배가 끝나갈 무렵, 김 목사님이 뒷자리에 와서 앉는데 보니 얼굴이 건강해 보였습니다.

예배가 끝나고 목사님께 인사하려고 갔습니다. 목사님께서 내 손을 잡고 하시는 말씀이 "목사님, 내가 300번 버스를 타고 권선시장 입구에서 내려서 500미터 되는 거리를 쉬지도 않고 막 뛰어왔습니다." 하면서 기뻐하셨습니다.

주님께서 베드로에게 "배 오른쪽에 그물을 내려서 고기를 잡으라."고 말씀하실 때에 베드로가 순종하여 배 오른쪽에 그물을 내렸더니 큰 물고기가 153마리가 잡혔다고 말씀하신 것과 같이, 이 종이 주님의 말씀에 순종하여 눈물로 기도를 드렸더니 오늘 주님께서 깨끗이 치료해 주셔서 기뻐 뛰어와서 기쁨으로 주님께 영광을 돌렸습니다.

"내가 예수 그리스도의 심장으로 너희 무리를 얼마나 사모하는지 하나님이 내 증인이시니라"(빌 1:8).

"사람이 친구를 위하여 자기 목숨을 버리면 이보다 더 큰 사랑이 없나니"(요 15:13).

67.
화단의 풀

오 산에 있는 어느 기도원에서 성막론 세미나가 있기에 은혜를 받으려고 갔습니다. 여름방학이라 수백 명의 성도와 주의 종들이 왔습니다.

낮 11시 예배를 드리고 산에 올라가기 위해 가는데 길에 보도블록이 깔려 있어서 좋았습니다. 그러나 양쪽 옆에는 수풀이 우거져 있고 쓰레기와 낙엽이 쌓여 있었습니다. 처음 예수님을 믿고 기도원에서 경건의 훈련을 받았기에 기도원은 거룩한 성산으로 믿고 깨끗하게 청소하는 믿음이 있었기에 마음이 아팠습니다.

'그렇다고 남의 기도원에 와서 함부로 할 수도 없고 이제 막 교회를 개척해 놓고 목사 체면에 또 풀을 뽑아야 되나? 성도들이 봉사하고 복을 받아야지.'

이 생각, 저 생각을 하다가

'에라, 모르겠다. 주님께서 못난 놈이라고 책망하셔도 좋다.'

깨끗이 청소하기 위해 와이셔츠를 벗어던지고 입구에서부터 풀을 뽑기 시작했습니다. 풀을 다 뽑고 쓰레기를 다 치우고 나니까 2시간이 소요되었습니다. 한여름 30도가 넘는 뙤약볕에서 작업하다 보니 온몸이 땀으로 범벅이 되었습니다. 깨끗이 청소하고 나니 보도블록과 기도원이 깨끗하고 훤해 보였습니다.

큰 나무 아래 앉아서 땀을 닦으며 보람을 느끼고 있을 때 까치가 5마리 날아오더니, 두 마리는 나무에 앉아서 지저귀고 3마리는 내 머리 위로 빙빙 돌면서 지저귀는 것이었습니다. 그때 내 안에서 '하나님께서 천사를 보내주셔서 나를 기쁘게 해주시는구나.' 하고 심령이 무척 기뻤습니다. 까치는 떠나지 않고 계속해서 내 주위를 맴돌고 있었습니다. 목욕탕에 가서 샤워를 한 후 오후 2시 예배에 참석했습니다.

예배를 시작하자마자 강사님께서, "내가 은혜받았을 때 까치가 날아가면 '까치야, 이리 오너라.' 하면 까치가 날아와서 내 어깨에 앉았습니다." 그리고 다른 분들도 산에서 기도하다가 보면 짐승들이 와서 도와준다는 간증을 계속하시다가 강사님께서 "내가 미쳤나? 성막론은 안하고 까치 이야기만 하고 있네?" 하실 때 내 심령이 기뻐서 펄쩍 뛰면서 나가서 까치 이야기를 하라고 하는 감동이 왔으나 망설이다가 나가지 못하고 앉아 있을 때 주님께서, "나를 기쁘게 하면 역사를 바꾸어 버린다. 그리고 이곳에서 40일, 20일 금식하지만 나를 위한 금식이 아니고 자기를 위한 금식이다. 자기 마당에 풀이 수북하면 뽑지 않겠느냐? 자기 방에 쓰레기가 수북하면 치우지 않겠느냐? 내 성산에 풀이 수북하고 쓰레기가 수북하게 쌓여도 뽑고 치우는 자가 없었다." 하실 때 내 옆에 앉았던 같이 갔던 집사님이 "목사님, 이번 집회는 목사님의 것입니다." 하였습니다. 아멘. 할렐루야.

하나님은 나귀의 입을 열어서 발람 선지자를 책망하셨듯이 주님께서 오늘은 김 집사님의 입을 빌려서 나를 축복해 주셨습니다.

집사 때 일입니다. 태백시에 있을 때 섬기는 교회가 터가 넓고 화단이 넓은데 화단에 풀이 많이 있었습니다. 새벽예배를 드리고 한 시간 기도하고 화단의 풀을 한 시간 뽑고 통근버스를 놓쳐서 택시를 타고 회사에 출근했습니다. 이튿날 새벽예배 때 말씀을 전하시던 황○○ 목사님께서 설교를 중단하시고 "어느 집사님이 새벽예배를 드리고 가다가 화단의 풀을 뽑으면서 이렇게 기도했을 것입니다. '주님, 내 마음의 죄악의 잡초도 뽑아주세요.'…"

그 말씀을 듣는 순간, 눈물이 쏟아졌습니다.

'주님께서 내 마음을 아시다니! 주님께서 내 마음을 아시다니…!'

어제 풀을 뽑으면서 그 기도를 드렸기 때문이었습니다. 얼마나 울었는지 모릅니다.

얼마 전에 갈분기도원에 가서 봄날씨에 화단에 풀이 많이 있는데 몸이 피곤하여 망설이다가 '그래도 내 손이 가야지.' 하고 피곤한 몸을 이끌고 풀을 뽑다 보니 도저히 감당할 수가 없어서 포기하려고 하는데 승용차가 미끄러지듯이 내 앞에 서더니 여자 집사님이 내리더니, "제가 풀을 같이 뽑겠습니다." 하면서 차에서 내 장갑까지 준비해 왔습니다. 풀을 뽑으면서 이야기를 나누는 가운데 "주님께서 계속해서 기도원에 빨리 가보라고 해서 급히 달려왔습니다." 하며 기뻐했습니다.

여집사님의 도움으로 풀을 다 뽑고 나니 마음이 무척 기뻤습니다. 집사님에게 축복기도를 해주고 집으로 돌아왔습니다. 피곤했던 몸이 갑자기 평안해지더니 이튿날 건강의 축복을 내려주셨습니다. 전능하신 하나님은 우리의 마음을 감찰하시고 행한 대로 갚아주셨습니다. 주님의 은혜에 감사와 영광과 찬양을 올립니다.

68. 아내의 명성예물

부천에 있는 선배목사님 교회에서 영적 세미나가 있어서 은혜를 받으러 갔습니다. 모두 자리에 누워서 임재를 체험하는데 나도 처음으로 임재를 체험하려고 자리에 누웠습니다.

얼마 후 내 영이 내 육체에서 빠져나가서 공중에서 누워 있는 내 육체를 바라보았습니다. 내 육체는 보기 싫은 냄새나는 모습으로 누워 있었습니다. 그때 주님의 음성이 들려왔습니다.

"160cm도 안되는 저 육체를 위해서 얼마나 고생하였느냐?"
하실 때 제 영이 울었습니다. 나의 일생에 대한 헛된 것을 가르쳐 주셨습니다.

이튿날도 세미나에 참석하였습니다.
"아내의 명성예물을 드릴 분 감동이 되는 대로 작정하세요."
그 말을 듣자 갈등이 생겼습니다.
'여기가 이단이구나. 더 이상 깊이 빠져서는 안되겠구나.'
자리에서 반쯤 일어나려고 하는데 주님께서 말씀하셨습니다.
"앉아라. 이단이라도 주님은 마음을 보시는 분이 아니냐? 네 아내가 너를 위해서 얼마나 고생하였느냐? 네 아내도 이제 명성을 얻어야 되지 않겠느냐?"

"주님, 그러면 얼마를 드릴까요?"

"30만원만 드려라. 아내의 옷을 한 벌 해줘도 30만원은 들지 않겠느냐? 속는 셈치고 드려보아라."

"주님, 지금 돈이 없는데요."

"작정해놓고 나중에 돈이 생기면 드려라."

그러나 이날은 드리고 싶지 않아서 그냥 집으로 돌아왔습니다.

이튿날도 강사님께서 계속해서 아내의 명성예물을 작정하라고 선포하시기에, 10분은 버티다가 도저히 못 견디어서 자리에서 일어나서 헌금봉투를 가져와서 '아내의 명성예물'이라고 제목을 쓰려고 하는데 내 눈에서 눈물이 하염없이 쏟아져 내렸습니다. 나중에는 콧물까지 줄줄 흘러내렸습니다.

내 속에서 얼마나 서럽게 우는지 옆자리에 있는 사람이 보기에 미안해서 손으로 얼굴을 가리고 한없이 서럽게 울었습니다. 실컷 울고 난 다음 헌금봉투를 강대상에 얹어놓고 돌아서니 수백 명의 사람들이 보이지 않고 몸과 마음이 편안하였습니다.

교회에 돌아와서 새벽예배를 드릴 때 찬송이 저절로 흘러나왔습니다. 곡조와 톤이 저절로 조절이 되었습니다. 말씀이 깨달아지고 은혜가 넘쳤습니다. 성도들이 기뻐했습니다. 멀리 천안에서도 말씀을 들으려고 계속 왔습니다. 그때부터 아내는 모든 사람들에게 아는 바 되어 명성을 얻게 되었습니다.

"고운 것도 거짓되고 아름다운 것도 헛되나 오직 여호와를 경외하는 여자는 칭찬을 받을 것이라 그 손의 열매가 그에게로 돌아갈 것이요 그 행한 일로 말미암아 성문에서 칭찬을 받으리라"(잠 31:30-31).

69. 광야교회

함께 전도하시는 이광복 목사님께서 수원 역전에서 노숙자에게 식사를 제공하고 있는데 한 번 와보라고 해서 수요일 12시에 가보았습니다. 수원 역전 고가도로 다리 밑에서 배식을 하고 있었습니다.

눈보라가 휘몰아치는 날씨에 손과 발이 꽁꽁 얼어붙을 것 같은 추운 날씨였습니다. 밥을 퍼주는 손도 얼어붙을 지경이고 추운 날씨 속에 쭈그리고 앉아서 밥을 먹고 있는 모습이 마음이 아팠습니다.

배식이 끝나고 나에게 밥을 주시는데 더러운 생각에 먹을 수가 없었습니다.

그다음 주에도 가서 배식을 도와주는데 손이 시려서 아팠습니다. 노숙자들은 이렇게 추운 날에도 바깥에서 박스를 자리에 깔아놓고 그 위에서 이불도 없이 추위와 싸우면서 밤새도록 추위에 떨다가 얼어 죽는 사람이 지금까지 전도하다 보면 수십 명이었습니다. 지난날에 나도 추위에 밤새도록 떨면서 굶주린 배를 움켜잡고 밤을 지새우며 눈물을 흘리던 때를 생각하면서 노숙자들이 불쌍하고 마음 아파서 마음속에서 눈물이 흘러나왔습니다.

그다음 주에도 식사를 배식하는 것을 도와주었습니다. 눈보라가 쌩

쌩 몰아치는데 손이 시려서 아파왔습니다. 그런데도 쪼그리고 앉아서 식사하는 모습을 보니 마음이 아팠습니다. 그때 주님께서 말씀하셨습니다.

"짐승처럼 밥만 주지 말고 예배를 드리고 밥을 주어라."

그래서 다음 주 수요일에 나가서 이ㅇㅇ 목사님께 예배를 드리자고 건의하였습니다. 그러자고 하셔서 여섯 명을 앉혀놓고 예배를 인도하다 보니 눈보라는 쌩쌩하고 수많은 자동차 소리에 예배를 제대로 드리지 못했습니다.

그다음 주에도 여섯 명의 노숙자들이 앉아서 예배를 드리는 모습이 기특하게 느껴졌습니다. 예배가 끝나고 고가도로 다리 밑에 빈 공간이 많이 있기에 지기에디 텐트를 치고 예배를 드리면 좋겠다는 생각이 들었습니다.

'전능하시고 능치 못하신 것이 없으신 아버지 하나님만이 도와주실 수 있습니다. 기적을 베푸셔서 텐트 좀 쳐주세요.'

일주일 동안 눈물로 기도하고, 다음 주 수요일 배식하는 자리에 나갔더니 텐트를 치려던 빈자리에 해병대 전우회가 우뚝 들어서 있는 것이었습니다.

'이제 그것마저도 틀렸구나.'

실망을 하면서 예배를 인도하고 난 다음, 이ㅇㅇ 목사님께서 해병대 전우회 사무실로 가보자고 했습니다. 이 목사님을 따라서 사무실에 들어갔더니 수십 개의 탁자가 놓여 있고 의자도 놓여 있었습니다. 해병대에서 예배실로 사용해도 좋다는 것이었습니다.

나는 꿈을 꾸는 것 같았습니다. 이제 추위 속에서 예배드리지 않아도 되고, 노숙자들이 추위에 떨면서 식사를 하지 않아도 되니 기쁘고 감사해서 전능하신 하나님 아버지께 감사와 찬송을 드렸습니다.

그날부터 예배를 드렸습니다. 마이크가 없어도 내 음성이 우렁차서 다 들을 수 있었습니다. 사무실 안에 100명이 꽉 들어찼습니다. 예배를 드리는 동안 썩는 냄새가 코를 찔렀습니다.

'아이구, 이제 죽었구나. 겨울 내내 난롯불을 피워놓으면 썩는 냄새가 진동을 할 텐데…. 이 일을 어쩌나? 추위에 떨면서 식사하지 않는 것은 좋은데….'

행복한 고민이었습니다.

주님의 은혜로 예배를 무사히 마쳤습니다.

다음 주 수요일이 되었습니다. 냄새를 걱정하면서 해병대 사무실에 들어가서 예배를 인도하려고 보니 냄새가 전혀 나지 않았습니다. 노숙자들이 스스로 목욕을 하고 빨래를 해서 깨끗해져서 냄새가 전혀 나지 않았습니다. 예배가 끝나고 따뜻한 탁자에서 식사하는 모습이 너무나 기뻤습니다.

몇 주가 지나서 앰프가 준비되었습니다. 찬양팀이 만들어져서 찬양하고 말씀을 전했습니다. 노숙자들이 많이 왕래하니까 이웃 아파트 주민들이 시장님에게 신고를 해서 철거명령이 떨어졌습니다. 해병대 전우회장님이 시청에 가서 사정 이야기를 해서 철거하지 않아도 되게 되었습니다.

그런데 지나다니는 주의 종들과 성도들과 믿지 않는 사람들이 젊은 사람들에게 밥을 주니까 게을러서 일을 하지 않는다고 비방을 했습니다. 우리도 정말 그런가 하고 이제 식사를 중단해야 되겠다고 생각하고 이제 그만하자고 하는데 주님께서 말씀하셨습니다.

"어떤 인생이 추운 겨울에 밖에서 잠자고 싶겠느냐? 어떤 인생이 치사하게 추운 데 앉아서 밥을 얻어먹고 싶겠느냐? 저들은 쓰러졌고 넘어졌고 일어설 수 있는 힘이 없다. 너희들이 도와주어라."

주님의 말씀이 이해되어서 누가 무어라고 해도 기쁨으로 예배를 드리고 식사를 제공할 수가 있었습니다. 예배를 드릴 때 많은 사람이 은혜를 받고 새사람이 되어 가정으로 돌아가서 전화가 왔습니다. 신앙생활 잘하고 있다고 고맙다고 했습니다.

한 영혼을 구원하기 위하여 수많은 사람이 함께 수고와 희생이 있었습니다. 영혼을 위한 희생과 눈물의 기도는 하나님의 마음을 감동시키고 기적이 일어났습니다.

"모세가 바다 위로 손을 내밀매 여호와께서 큰 동풍이 밤새도록 바닷물을 물러가게 하시니 물이 갈라져 바다가 마른 땅이 된지라"(출 14:21).

70. 까치 다섯 마리

　　수요일. 노숙자들에게 예배를 드리고 식사를 제공하는 날이었는데, 마침 아내는 멀리 볼일이 있어서 가고 다섯 명이나 되는 봉사자들이 볼일이 생겨서 못 가겠다는 것이었습니다. 기가 막힐 노릇이었습니다.

　'150명의 식사를 어떻게 할 것인가? 이번에는 예배만 드리고 양해를 구할 것인가? 안 되지. 왜냐하면 저들은 일주일 내내 수요일만 손꼽아 기다리고 있는데…. 그러면 어떻게 하면 좋을까?'

　혼자서 이렇게 할까, 저렇게 할까 고민하다가 역 앞에 있는 짜장면 집의 믿음 좋은 집사님에게 부탁했더니 기분 좋게 대답했습니다. 이제 짜장면으로 하기로 하고 마음을 놓았습니다.

　이튿날 한 시간 반을 남겨두고 혹시나 하고 전화를 걸어보았더니 도저히 못하겠다는 것이었습니다. '이거 맑은 하늘에 웬 청천벽력인가? 굳게 믿고 있었는데 연락도 없이 못하겠다니! 이제 그러면 어떻게 해야 좋을까?' 식사제공을 포기해야겠다고 단념을 하려고 하는데 저들이 불쌍해서 견딜 수가 없었습니다. 한 시간 반 동안에 어떻게 혼자서 식사를 준비할 수 있단 말인가?

　그때 갑자기 김밥이 생각났습니다. 옆에 있는 식당에 가서 김밥을 주문하니까 혼자서는 도저히 다 감당할 수 없다는 것이었습니다. 시간은 점점 다가오고 있었습니다. 이제 한 시간밖에 남지 않았습니다. 시장 앞의 식당으로 급히 달려갔습니다. 다행히 이 집에는 종업원이 여러 명이라 준비할 수 있다는 것이었습니다. 김밥을 미리 예약해 놓고 이제 커피물을 끓이기 시작했습니다.

시간이 되어서 김밥을 찾아오고 커피를 타서 역으로 달려갔습니다. 시간이 조금 늦어서 노숙자들이 예배를 마치고 줄을 서서 식사를 기다리고 있었습니다. 김밥을 두 줄씩, 국과 함께 나누어 주었습니다. 내가 지금 무엇을 어떻게 하고 있는지 정신이 없었습니다.

김밥을 나누어 주고 나니 늦게 오는 사람이 다섯 명이나 되었습니다. 식사가 끝났다고 돌려보낼까 생각하다가 '희망을 갖고 이곳까지 왔는데 그냥 돌아가게 되면 허기진 배를 안고 얼마나 힘없이 돌아갈까.' 그들의 입장을 생각하면 그럴 수가 없었습니다. 마침 내 지갑에 돈이 있었기에 역전에 있는 김밥집으로 급히 들어갔습니다. 4만 5천원 어치 8인분을 사가지고 오니까 전에는 먹지 않던 해병대 전우회 회장님과 목사님들까지 김밥을 잡수시겠다는 것이었습니다. 노숙자에게 나눠주고 우리도 같이 나누어 먹으니 갖고 온 김밥의 숫자가 딱 들어맞는 것이었습니다.

식사를 막 끝내고 나니까 어디에서 왔는지 까치 다섯 마리가 날아와서 노래하는 것이었습니다. 그때에 내 심령이 기뻤고 하나님 아버지께서 기쁨의 선물을 보내주셨다는 것을 깨달았습니다. 배식을 마치고 교회에 돌아오니까 까치 다섯 마리가 우리 교회건물과 십자가 위에 앉아서 지저귀고 있었습니다. 날이 저물었는데도 가지 않고 밤 8시까지 지저귀고 있었습니다. 새벽 4시가 되니까 다시 까치들이 날아와서 지저귀고 있었습니다. 보름 동안 똑같이 행동하더니 그 후로는 오지 않았습니다.

며칠이 지난 후에 다른 교회 성도들이 저녁마다 기도회에 참석하면서 헌금을 꼭꼭 했습니다. 몇 개월이 지나도록 매일 참석하면서 은혜를 받고 섬기는 교회에 가서 얼마나 열심히 봉사를 했던지 그 교회에서 칭찬받는 일꾼들이 되었습니다. 그리고 요즈음 전도와 봉사에 앞장서서 주일날 대예배 때에도 앞으로 불러내어 칭찬해 준다고 했습니다. 지금은 우리 교회의 일꾼이 아니지만 때가 되면 참된 일꾼들이 되어 돌아올 것이라고 주님께서 말씀하셨습니다.

"네 하나님 여호와께서 네게 주신 땅 어느 성읍에서든지 가난한 형제가 너와 함께 거주하거든 그 가난한 형제에게 네 마음을 완악하게 하지 말며 네 손을 움켜 쥐지 말고 반드시 네 손을 그에게 펴서 그에게 필요한 대로 쓸 것을 넉넉히 꾸어주라"(신 15:7-8).

"너는 반드시 그에게 줄 것이요, 줄 때에는 아끼는 마음을 품지 말 것이니라 이로 말미암아 네 하나님 여호와께서 네가 하는 모든 일과 네 손이 닿는 모든 일에 네게 복을 주시리라"(신 15:10).

71.
산삼을 주시다

갈분기도원에서 밤이 새도록 주님을 부르다가 이튿날 문득 산나물을 캐 먹고 싶어져서 산에 올라가게 되었습니다. 산에 오르면서 산나물을 찾고 있는데 산삼을 닮은 풀잎이 얼마나 많은지 전부가 산삼으로 보였습니다.

산 능선을 따라 내려가다 보니 산삼 열매가 파랗게 달려 있었습니다. 이전의 산삼 잎은 젓가락만한 크기였는데 이것은 집에서 재배하는 인삼 줄기만 한 크기라 산삼이 아닌 것 같아서 지나가다가 혹시라도 산삼이라면 어떻게 하나 싶어 다시 돌아와서 조심성 없이 쑥 뽑아 올려 보니 거의 손바닥만 한 산삼이었습니다. 너무 크고 잔뿌리가 많아서 가짜인 것 같기도 해서 한참이나 의심하다가 숙소에 돌아와서 아무에게도 알리지 않고 집으로 달려왔습니다.

산삼 감정사에게 가서 감정을 받아 보았는데 진짜 산삼이라고 했습니다. 20년생이라고 했습니다. 판매하면 1-2백만 원밖에 못 받는다고 하기에 어떻게 하는 게 좋을까 망설이고 있는데 주님께서 말씀하셨습니다.

"몸도 약한데 먹어 치워라. 언제 돈 주고 사먹어 보겠느냐?"

하시기에 집에 돌아와서 먹었더니 약효가 얼마나 좋은지, 아침에 일어날 때 피곤하지 않고 자동차 운전을 할 때도 피곤하지 않고 부부관계도 아름답게 북돋아 주었습니다.

죽은 사람도 살린다는 산삼을 저에게 먹여주시고 건강하게 해주신 하나님의 은혜를 감사드립니다. 지난번에 주님께 이렇게 기도드린 적이 있습니다.

"하나님, 지금까지 저에게 홍해가 갈라지고 기계가 멈추어 서게 하시고 죽어가는 자도 살리시고 가난한 자를 부자 되게 하신 하나님, 이제 산삼만 주시면 하나님의 기적을 다 체험하게 됩니다. 저의 소원을 이루어 주시옵소서."

하나님 아버지께서 저의 기도에 응답해 주셨습니다. 이제 주의 일을 할 때에 온갖 기적과 이적이 일어나게 될 것을 믿습니다.

▶ 기도하다가 하나님 아버지께 받은 산삼

72. 강단을 지켜라

2002년 한일월드컵이 한창 무르익어 갈 때였습니다. 수원 역전에서 전도하다 보면 어린아이들로부터 어른들까지 태극기를 머리에 두르고 목에도 감고 등과 다리에 감고 손에 들고 흔들며 환희에 찬 모습으로 전철에서 쏟아져 내려왔습니다. 누가 시키지 않았는데도 자발적으로 행동으로 옮겨졌습니다.

지금까지 우리 선수들이 월드컵 시합에서 한 게임도 이겨본 적이 없었는데, 폴란드를 이기고 미국과 비기고 또 다른 팀을 이김으로 생전에 처음으로 16강에 올라갔으니 온 국민이 희망에 넘쳐났습니다. 결국은 8강, 4강까지 올라가는 기적이 일어났을 때 전 세계의 눈은 코리아와 우리 국민의 희망의 태극기 물결이 세계 속에 놀라운 감동을 심어주었습니다. 외국에서 손님들이 많이 찾아오니까 수원역의 높은 직위에 있는 분까지 총출동하여 환영하고 있었습니다.

나는 그 틈에 끼여서 계단에서 내려오는 승객들을 향해 소리 높여 복음을 전했습니다. 그때 철도청 직원이 다가오더니 "외국 손님들이 지나간 다음에 복음을 전해도 좋으니 자리를 피하였다가 오시오." 하는 말에 덕을 세우는 것이 좋겠다고 생각하고 손님이 다 지나간 다음 계단 앞에 서서 복음을 전했습니다. 그때 주님께서, "종아, 설교를 하다가 어디 갔다가 오느냐? 목사가 강대상을 떠나면 되겠느냐?" 하시기에 "주님, 감사합니다. 제가 몰랐습니다."

그다음부터 승객들이 쏟아져 내려올 때 그 자리에 서서 외쳤습니다. 수원역 직원이 와서 제재하며 밀어냈습니다. 나는 자리를 지키면서 떠나지 않으려고 버티고 역 직원은 나를 밀어내려고 두 사람이 달려들었습니다. 두 사람이 안되니까 세 사람이 더 합세해서 다섯 명이 나를 떼밀어 냈지만 나는 끝까지 버티고 외치면서 자리를 떠나지 않았습니다. 엎어지고 넘어지고 손에서는 피가 흘렀습니다.

드디어 나의 설교시간 한 시간이 끝나고 계단 앞에 무릎 꿇고 주님께 감사하고 '우리 선수들에게 기적을 베풀어 주소서.' 기도하고 자리에서 일어나니까 초라한 젊은이가 축복기도를 해달라고 무릎을 꿇고 있었습니다. 축복기도를 해주었더니 우리 교회 성도가 되었습니다. 한 사람의 희생을 통해서 한 영혼을 건져주신 하나님께 감사드렸습니다. 사도 바울이 나는 날마다 죽노라 하신 뜻은 핍박을 받고 환난이 올 때마다 많은 영혼을 주님께서 건져주셨기 때문에 기뻐했다고 고백했습니다(빌 3:8).

> "또한 모든 것을 해로 여김은 내 주 그리스도 예수를 아는 지식이 가장 고상하기 때문이라 내가 그를 위하여 모든 것을 잃어버리고 배설물로 여김은 그리스도를 얻고"(빌 3:8).

사투를 벌이다가 교회로 돌아오니 마음이 허전하고 내 모습이 흐트러져 있었습니다. 손에서는 피가 흐르고 있었습니다.

그때에 처음 보는 여자 전도사님이 넥타이를 선물하면서 위로해 주면서, 자기도 버스에서 전도하다가 깡패에게 죽도록 얻어맞고 집에 돌아갔더니 남편이 아내의 얼굴을 보더니 말없이 성경을 베끼기 시작하더라고 했습니다. 사업에 실패하고 집에서 놀고 있었는데, 처음 보는 사람이 찾아와서 100평 건물의 공장을 선물로 주고 갔다고 하면서 목사님에게 하나님의 축복이 있을 것이라고 위로하고 돌아갔습니다.

"의를 위하여 박해를 받은 자는 복이 있나니 천국이 그들의 것임이라 나로 말미암아 너희를 욕하고 박해하고 거짓으로 너희를 거슬러 모든 악한 말을 할 때에는 너희에게 복이 있나니 기뻐하고 즐거워하라 하늘에서 너희의 상이 큼이라 너희 전에 있던 선지자들도 이같이 박해하였느니라"(마 5:10-12).

"내가 내 목숨을 버리는 것은 그것을 내가 다시 얻기 위함이니 이로 말미암아 아버지께서 나를 사랑하시느니라"(요 10:17).

73. 명동에서 전도하다

이광복 목사님의 인도로 우리나라에서 제일 비싼 자리 명동 국립극장 앞에서 낮 3시부터 저녁 6시까지 7-8명이 찬양하고 돌아가면서 설교를 했습니다.

여러 명이 한꺼번에 마이크를 잡고 찬양을 하니 시끄럽다고 파출소에 신고가 들어가서 경찰관들과 때로는 시비가 붙어서 어려움을 당할 때가 많았습니다. 비가 오나 눈이 오나 토요일마다 명동에 가서 복음을 전하다가 저녁식사를 마치고 신촌에 가서 현대백화점 앞에서 전도하고 집으로 돌아가면 밤 11시가 됩니다. 곧바로 강단에 올라가서 기도를 시작하면 어디서 힘이 나는지 피곤은 간곳이 없고 기도의 능력이 임해 밤이 새도록 힘차게 기도가 되었습니다. 그 능력을 받아서 나가서 열심히 전도를 하게 되고 전도의 능력이 나타나고 있었습니다.

그날도 토요일이라 기쁜 마음으로 가면서 전철에서 전도하면서 명동에 도착해서 뜨겁게 찬양하고 설교하고 있는데, 경찰관 5명이 오더니 스피커를 빼앗아가고 이광복 목사님을 넘어뜨렸습니다. 나는 겁이 나서 뒤로 도망을 가려고 하는데 여자 전도사님이 목사님도 가서 이광복 목사님을 도우라고 하기에 마지못해 경찰들을 제지하니까 젊은 경찰관이 나를 만만하게 보고, 내 허리띠를 움켜쥐고 파출소로 끌고 가는 것이었습니다. 화가 치밀어 올라왔습니다. 젊은 사람이 개 취급을 하기에 "너 죽으려고 환장했나?" 하면서 소리를 쳤더니 젊은 경찰관이 펄펄 뛰면서 파출소로 끌고 가더니 종로경찰서로 급하게 전화를 돌리기 시작했습니다.

그 순간 마음에 두려움이 왔습니다. '나도 이제 전도자의 고난을 당하게 되는구나.' 하고 십자가를 생각하니 두려움이 사라지고 평강이 찾아와서 담담히 처분만을 기다리고 있었습니다. 그 순간에도 젊은 경찰관은 계속해서 급하게 전화를 걸면서 빨리 호송할 차를 보내달라고 소리치고 있었습니다. 잠시 후에 경찰청 간부가 와서 담당자 의자에 앉자 경찰관들이 주위에 쭉 둘러서서 무엇인가 논의하는 것 같았습니다. 그분이 일어나 나가니까 우리에게 나가도 좋다고 했습니다. 파출소를 나와서 전도하던 자리로 돌아왔습니다.

갑자기 아랫배가 창자가 끊어지는 것같이 칼로 자르는 듯 아팠습니다. '아아, 화를 냈더니 하나님께서 징계하시는가 보다.' 하고 회개를 했습니다. 그 이튿날 보니 주님께서 변비를 치료해 주셨던 것이었습니다.

그리고 얼마 후 명동역에서 내려서 계단을 올라가다 보니 70대의 할머니가 수건을 쓰고 구걸을 하고 있기에 주머니를 다 털어서 2천원을 주었습니다. 이 정도면 나도 후한 인심을 쓴 것 같다고 생각하니 기분이 좋았습니다. 그때 주님께서 "야, 치사하다. 너 지금 동냥 주는 거야? 나는 너를 위해 물과 피를 다 주었건만 너는 지금 동냥을 주는 거야?" 하실 때 내 마음이 부끄러웠습니다.

교회를 개척해놓고 나니 차비조차 힘이 드는 상태였습니다. 그러나 주님께 "내가 잘못했습니다. 다음에는 시퍼런 배춧잎을 주겠습니다."

하고 돌아서는 내 심령에 부끄러움이 있었습니다.

다음 주 토요일이 되었습니다. 겨우 만원을 마련해서 명동역에 도착해서 '오늘 그 할머니가 없으면 어떻게 하나?' 두려운 마음으로 계단을 올라가니까 할머니께서 앉아서 구걸하고 있었습니다. 혹시라도 앵벌이가 빼앗아갈까 봐 만원짜리를 재빨리 손에 꼭 쥐어주었습니다. 할머니께서 내 손을 꼭 쥐면서 내 얼굴을 쳐다보았습니다. 수건을 쓰고 고개를 들면서 빙그레 웃는 모습이 예수님께서 빙그레 웃으시는 것 같았습니다. 자리에서 일어나서 뒤를 돌아서 걸어내려가고 있는데 내 몸에는 아무런 감각이 없었습니다. 평안하고 기뻤습니다.

수많은 장사꾼들이 떠드는 소리로 시끄러운 명동의 빽빽한 골목길을 헤치면서 내려가다가 내 속에서 하나님의 말씀이 나오면서 외치는데, 모두가 고개를 숙이며 물건을 고르고 지나가는 사람도 아무 말이 없었습니다. 쩌렁쩌렁 울려 퍼지는 내 목소리는 명동에 가득했습니다. 3시간 전도하는 동안에도 마음속에 평안이 넘쳤습니다. 오늘은 대적하는 사람이 한 사람도 없었습니다.

명동에서 전도가 끝나고 전철을 타고 신촌으로 가는 전철 안에서도 하나님의 영광이 가득했습니다. 신촌에서도 하나님의 영광이 가득했습니다. 수원으로 오는 전철 안에서 전도할 때도 하나님의 영광이 가득했습니다. 전에도 기차 안에서 가난한 여인에게 귤을 대접하였을 때 오늘과 같은 하나님의 영광이 가득했습니다.

"내가 주릴 때에 너희가 먹을 것을 주었고 목마를 때에 마시게 하였고 나그네 되었을 때에 영접하였고 헐벗었을 때에 옷을 입혔고 병들었을 때에 돌보았고 옥에 갇혔을 때에 와서 보았느니라"(마 25:35-36).

74.
어깨띠 전도

강단에서 밤이 새도록 철야기도를 하는 가운데,
"어깨띠를 하고 교회에서부터 골목마다 가겟집에 전도지를 주면서 복음을 전해라. 그리고 수원 전역을 전도해라. 수원을 다 돌기 전에 큰일이 일어날 것이나."
하고 주님이 말씀하시기에,
'별소리 다하시네. 지금도 어깨띠를 하고 수원역에 다니면서 이웃에 복음을 전하고 있는데 새삼스럽게 전도하라니…!
하고 무시해 버렸습니다.
그런데 이튿날도 똑같은 음성이 들려왔습니다. 이날도 거절하고 사흘째 되던 날에도 똑같은 음성이 들려왔습니다.
'주님의 뜻이라면 내일부터 순종하겠습니다.'
하고, 이튿날 어깨띠를 하고 교회 주위에서부터 가겟집에 전도지를 주면서 복음을 전했습니다.
전도를 하고 돌아오니 주님이 주시는 은혜가 충만했습니다. 이튿날도 혼자서 전도해도 기쁘고 담대함을 주었습니다.
며칠 동안 혼자서 다녔는데 그다음 날부터 전도자들이 한 명씩 찾아와서 스스로 전도하기 시작했습니다. 나중에는 여러 명이 와서 전도를 도와주었습니다.

전도하고 돌아오는 길에 청년 하나가 뛰어오더니 "이번 주부터 목양교회에 나가겠습니다." 하더니 다음 주에 정말 스스로 출석했습니다. 어린아이에서부터 94세 된 노인까지 스스로 나와서 기뻐했습니다.

수원을 중간쯤 돌고 있을 때 국민일보 반면에 성시화운동본부에서 '서울 전역에 어깨띠를 하고 골목마다 가게마다 전도합시다. 시장에 갈 때도 어깨띠하고 전도합시다.' 하더니, 다음 주에도 똑같은 메시지를 광고하고 백주년기념관에서 어깨띠 전도운동협회를 설립하여 '청계천에서부터 남산까지 어깨띠를 하고 갑시다' 하고 어깨띠 전도운동을 전개하였고, 수원 흰돌산 기도원에서 어깨띠 전도집회를 하고 수원지역에 전도를 하였다고 합니다.

정자동에서 전도하다 보니 아가씨가 지나가는데 같이 전도하시던 권사님께서 "저 아가씨에게 문제가 있는 것 같습니다." 하시기에 아가씨를 불러서 대화를 해보았습니다.

"어머니께서 기도원에 원장님이셨는데 전도하다가 자동차에 치여서 뇌에 손상을 입어서 정신이 옳지 못하세요."

"그러면 집에서 가서 예배를 드렸으면 좋겠습니다."

"그러면 엄마에게 물어보고 오겠습니다."

그 아가씨는 집에 다녀오더니 어머니께서 예배를 드려주시면 고맙겠다고 해서 집으로 가서 예배를 드린 다음, 우리 교회에 밤마다 예배를 드릴 때 와서 은혜받고 치료를 받았는데 거의 완치가 되었습니다.

남문시장 앞에서 전도하고 있는데 키가 큰 사람이 술이 취해서 비틀거리면서 오더니 저를 위협하며 말했습니다.

"이봐, 전도하지 마. 시끄러워!"

손에 들고 있던 소주병으로 나를 때리려고 하니까 권사님은 멀리 피하면서, "목사님, 빨리 와요. 다쳐요!" 하면서 어쩔 줄을 몰랐습니다.

그러나 여러 사람들이 보고 있는데 비겁하게 도망을 갈 수가 없었습니다. 계속해서 복음을 외치니까 더 세게 반항을 하면서 소주병으로 나를 때리려고 하는데, 손이 내려오지 않으니까 이번에는 땅바닥에다가 소주병을 깨뜨리려고 했는데 병이 깨지지 않았습니다.

계속 소리를 지르면서 전도하지 못하게 방해를 하다가 도저히 안되겠던지, "전도하지 마!" 하고 소리를 지르고는 비틀거리며 사라져 갔습니다. 사투를 벌이면서 복음을 전하다 보니 내 마음이 피곤하고 허전했습니다.

교회에 돌아와서 기도하고 쉬고 있는데 두 달 된 외손자를 안으라고 데려왔습니다. 가슴에 안고 있으니까 조금 뒤척이더니 금방 편안히 잠이 들었습니다.

> "그가 찔림은 우리의 허물 때문이요 그가 상함은 우리의 죄악 때문이라 그가 징계를 받음으로 우리는 평화를 누리고 그가 채찍에 맞음으로 우리는 나음을 받았도다"(사 53:5).

> "우리는 다 양 같아서 그릇 행하여 각기 제 길로 갔거늘 여호와께서는 우리 모두의 죄악을 그에게 담당시키셨도다"(사 53:6).

하나님의 말씀이 생각났습니다. 영통에서 전도하다가 예쁜 여자 고등학생 3명이,

"아저씨, 우리 술·담배 먹어요. 기도해 주세요."

하기에 간절히 기도해 주고 복음을 전했습니다.

몇 개월이 지나서 전화했더니,

"왜 이제 전화하세요? 우리 술·담배 끊고 교회에 나가고 좋은 대학에 들어갔어요."

고 할 때 주님께 감사와 영광을 돌렸습니다.

이제 경희대학교 앞까지 복음을 전하면 수원 전역에 7개월에 걸친 대장정의 전도를 마치게 됩니다. 그 동안 기쁨도 즐거움도 괴로움도 피곤함은 있었지만 내 마음속에서 늘 기쁨과 소망이 넘쳤습니다. 단 한번도 자동차 주차 때문에 시험에 든 일도 딱지도 떼지 않았습니다.

그날 밤 꿈을 꾸었습니다. 처음에는 나 혼자 서 있더니 조금 있으니 여러 사람이 모이더니 나중에는 걸어가는데 수많은 사람이 뒤를 따라오고 있었습니다. 내 양쪽 옆에는 전도를 같이하던 두 권사님과 같이 전도하시던 분들이 같이 가고 있었습니다.

장면이 바뀌더니 높은 산중턱에 싱싱한 포도 줄기가 하늘을 향해서 뻗어 올라가고 포도 줄기에는 싱싱한 포도송이가 주렁주렁 달려 있고 포도나무 아래에는 천사가 지키고 있었습니다.

그 옆에는 둘째딸이 천사와 함께 걸어 내려오고 있었습니다. 또 장면이 바뀌었는데 아래쪽 포도밭에는 포도송이가 주렁주렁 달려 있고 천사가 가꾸고 있었습니다. 포도원과 산중턱에 있는 포도나무 사이에 흰옷을 입은 할머니가 여러 상자의 바구니에 포도를 담아놓고 판매를 하고 있었습니다.

그때 내가 포도 세 상자를 사는 것을 보았습니다. 주님께서 말씀하셨습니다.

"수원을 다 돌면 서울로 가라. 서울에 다 돌면 세계로 나가게 될 것이다."

주님이 말씀하신 대로 서울에서 어느 정도 돌고 나니까, 중국에 두 번 갔다오게 하시고 일본에 두 주간 전도하게 하셨습니다.

주님께서 어깨띠 전도를 하라고 하신 말씀에 순종했더니 성시화운 동본부에도 같은 메시지를 보내시고, 천국에 많은 열매를 맺은 것도 보여주셨습니다.

예수님께서는 열두 제자들과 함께 오늘은 이 고을, 내일은 저 고을을 다니시며 회당에서 가르치시고 병든 자를 고치시고, 상한 마음을 위로하시고, 배고픈 자를 먹여주셨습니다. 주의 성령이 임하시면 주님의 하신 일을 이어받아서 주님의 증인이 되라고 하셨습니다.

"오직 성령이 너희에게 임하시면 너희가 권능을 받고 예루살렘과 온 유대와 사마리아와 땅 끝까지 이르러 내 증인이 되리라 하시니라"(행 1:8).

주님께서 말씀하신 대로 수원을 다 돌고 난 후 서울에 가서 전도하다가 중국에 두 번 다녀오고, 일본에 가서도 노방전도할 때 하나님께서 큰 은혜를 내려주셨습니다.

75.
중국 · 일본 선교

동기생인 김 목사님과 중국에 선교를 가기로 약속했습니다. 아침 일찍 인천공항에 도착해서 수속을 밟고 장춘행 탑승구에서 탑승하기 위해 대기하고 있는데, 실내방송 아나운서의 목소리가 흘러나왔습니다.

장춘공항에 눈이 많이 내려서 눈을 치우는 작업을 하는데 착륙하기가 어렵다는 것이었습니다. 그러나 혹시라도 모르니 조금만 기다려 보라는 것이었습니다.

30분이 지나서 착륙할 수 있으니 탑승하라고 방송이 나왔습니다. 어렵게 비행기를 타고 장춘공항에 도착하니 듣던 대로 무시무시한 공안들이 대기하고 있었습니다. 대기하고 있던 차를 타고 길림으로 두 시간을 달려가는데 양쪽에는 산이 보이지 않는 대평야였습니다.

도착한 곳은 시의 외곽지역으로 사람이 살지 않는 곳에 10만 평 대지 위에 1백여 평의 학교가 무인가로 세워져 있었습니다.

저녁때가 되어 잠깐 잠이 들었다가 일어나서 창문 밖을 내다보니 수백 마리의 까치들이 하늘을 날고 수십 마리의 까치가 두 개의 원형을 그리며 한참동안 날고 있었습니다.

저녁에는 설교를 하고 밤에 잠이 들었습니다. 꿈속에서 강물 위에 검은 기름띠가 덮여서 목욕을 할 수가 없었습니다. 그다음은 공중목욕탕에 갔는데 거기에도 기름띠가 있어서 목욕을 할 수 없었습니다. 무슨 뜻인지 몰랐습니다. 그러나 그 결과는 두 번째 가서야 알게 되었습니다.

두 번째 중국에 가서 70여 명의 중국 성도를 앞혀놓고 설교하다가 누군가 신고를 해서 공안이 들이닥쳐서 체포되어 중국 공안실에 끌려가게 되었습니다. 점심식사 후 주님께서 이 안에 밀고자가 있다고 계속 말씀하셨지만 설마 했는데, 결국은 밀고해서 공안이 찾아와서 잡혀가게 된 것입니다. 같이 있던 일행은 조서를 받고 있는데 나는 현행범이라 혼자 남겨두고 나중에 따로 조서를 받겠다고 했습니다.

무서운 중국 공안에게 잡혔으니 수백만원의 벌금이나 멀리 감옥에서 고생해야 된다고 생각하니 한편으로는 궁금하고 또 한편으로는 두려움이 몰려왔습니다. 신경이 곤두서서 성경을 펴니까 베드로가 감옥에서 잠을 자다가 천사가 깨워서 착고가 풀리고 옥문이 열려서 간수를 지나 감옥을 빠져 나가는 부분이 나오기에,

'전능하신 아버지, 하나님께서 저를 사랑하신다면 저도 여기서 쏙 빼내어 주세요.'

하고 무릎 꿇고 기도를 드렸습니다.

드디어 내 차례가 되어 통역관의 도움으로 조서를 꾸미고 난 후 여권을 맡기고 호텔로 가서 기다리라고 했습니다. 3시간 만에 빠져 나와서 이제 내일 여권을 찾아와야 하는데 아는 사람도 없으니 걱정이 되었으나 마음은 편안했습니다.

다음날 공안부장과 잘 아는 한족이 우리 여권을 찾아주었습니다. 식사대접을 하고 난 다음 머리에 손을 얹고 마음껏 축복기도를 해주고

우리는 고국으로 무사히 돌아오게 되었습니다.

처음에 갔을 때 꿈에 본 기름띠는 어둠이 깔려서 우리가 잠자는 숙소만이 안전하다는 것을 알게 되었습니다. 새들이 원형을 그린 것은 수갑이었습니다.

귀국한 다음 주에 두 주간 일본 전도를 하기 위해 요나고에 갔습니다. 21세기 요나고 시온교회에 갔더니 식당에서 봉사하는 이 선교사님이 제게 말했습니다.

"주님께서 이번에 김 목사님이 오게 되면 최고의 대접을 해드리라고 하셨습니다. 담임목사님에게 이번에는 내 마음대로 할 테니 돈을 주고 간섭하지 말라고 하고, 시장에 가서 제일 맛있는 쇠고기를 비롯해서 최고의 요리를 준비했습니다."

▼ 일본 오사카 성 위에서

식탁에 앉아서 식탁을 대하는 내 마음이 깜짝 놀랐습니다. 내 평생에 이렇게 귀한 대접을 받아보기는 처음이었습니다. 맛있는 요리를 앞에 놓고 보니 고생한 아내가 그리워서 고개를 숙이고 생각하고 있는데, 이 선교사님께서 "사모님이 생각이 나셔서 그러시지요?" 하기에 나도 모르게 눈물이 났습니다.

이튿날부터 전도지를 들고 교회에서부터 요나고 전역에 전도하고 하루에 세 번씩 예배를 인도했습니다. 전도하다가 핍박을 받고 저녁에 기도할 때 능력을 주시고 말씀을 전할 때 능력이 나타났습니다.

다음날 노숙자에게 1천 엔을 주고 교회에 돌아와서 기도할 때 큰 능력이 나타나고, 기도해 줄 때 이마에 손가락 자국이 찍혔는데 살이 익어갈 것같이 새빨갰습니다.

그리고 몇 사람에게 붙어 있던 귀신이 소리를 지르고 떠나갔습니다. 주님은 나에게 가난한 자를 부탁하신 것 같습니다. 가난한 사람을 도와줄 때마다 천국이 이루어지고 큰 능력이 나타났습니다.

주님의 은혜로 일본 전도를 잘하고 귀국하게 되었습니다.

76. 택시 요금을 후하게

설매에 사시는 작은누님 댁에 볼일이 있어서 내려갔습니다. 영주 시내버스 터미널에서 택시를 타고 갔습니다.

택시 기사분이 정치인들을 비방하기 시작했습니다. 정치인들에 대한 비방이 끝나니까 이번에는 목사·장로·교인들에 대한 비방을 하기 시작했습니다.

잘 이해가 가도록 가르치려고 할 때 하나님의 말씀이 생각났습니다. '거룩한 것을 개에게 주지 말고 진주를 돼지에게 던지지 말라. 그것을 발로 밟고 찢어 상하게 할까 조심하라'는 말씀이 생각이 나서 '너는 마음껏 떠들어라.' 하고 창밖을 내다보았습니다.

떠들다 보니 택시는 누님 집 앞에 도착했습니다. 만원짜리 두 장을 주니까 거스름돈 7천원을 세어주었습니다. 평소에는 천원 미만은 받지 않았지만 오늘은 7천원이라 내게는 큰돈이라 받으려고 하는데 주님께서 받지 말라 하시기에 아깝지만 받지 않았습니다.

전도지 한 장을 주면서 "수고하셨으니 감사해서 드립니다." 하고 사양하니까 택시 기사께서 갑자기 어리둥절하더니 차에서 내려서 내가 내리는 차문을 열더니 굽신거리며 "잘 가세요, 목사님." 하고 마치 큰 회사의 회장님을 모시는 부하 직원 같았습니다.

택시 기사는 차를 돌려서 왔던 길로 되돌아가다 산중턱 고갯길에서 쓰레기를 줍고 있는 사람들 앞에 차를 세우고 내려서 대화하는 것 같았습니다. 잠시 후 택시 기사가 차를 몰고 고개를 넘어간 다음 쓰레기를 줍던 사람들이 누님 집으로 들어와 제게 물었습니다.

"목사님, 택시 기사에게 뭐라고 말씀하셨어요?"

"왜요? 아무 말 안했는데요. 택시 기사가 뭐라고 하시던가요?"

"우리가 쓰레기를 줍고 있는데 택시 기사께서 택시를 세우더니 내려서 '여러분들은 어디에서 나와서 이렇게 좋은 일을 하시나요?' 하고 묻기에, '예, 우리는 설매교회에서 나왔는데요. 추석 명절에 고향을 다녀가시는 분들께 고향의 아름다움을 보여주려고 쓰레기를 줍고 있는데요.' 하니까 택시 기사께서 '나도 지금 귀한 목사님을 모셔드리고 가는 길입니다. 내가 택시 기사 12년을 했지만 이렇게 귀한 분은 처음 만났습니다. 교회 다니는 분은 역시 다르네요. 수고하세요.' 하면서 갔습니다. 목사님께서 어떻게 하셨기에 택시 기사분이 기쁨을 이기지 못했을까요?"

나는 지금까지 있었던 일을 그대로 이야기했더니 모두 하나님께 영광을 돌렸습니다. 주님께서 말씀하셨습니다.

"택시 기사가 돌아가면 손님을 기다리느라 택시를 세워놓고 모여서 손님에 대한 좋았던 일, 나빴던 일을 이야기할 때 너에 대한 이야기를 할 것이다. 그중에 은혜를 받고 예수를 믿는 자가 있을 것이다. 그리고 명절에 가족과 친지들이 모였을 때 너의 이야기를 하게 될 것이다. 그중에 예수를 믿을 자가 있을 것이다."

"그는 종일토록 은혜를 베풀고 꾸어 주니 그의 자손이 복을 받는도다"(시 37:26).

"선인은 그 산업을 자자손손에게 끼쳐도 죄인의 재물은 의인을 위하여 쌓이느니라"(잠 13:22).

"그가 자기 영혼의 수고한 것을 보고 만족하게 여길 것이라 나의 의로운 종이 자기 지식으로 많은 사람을 의롭게 하며 또 그들의 죄악을 친히 담당하리로다"(사 53:11).

77.
주의 종을 대접했을 때

오직 예수. 부천 실내체육관에서 부흥집회를 할 때 강사님께서 "돈 때문에 고통당하는 목사님이 계십니다. 감동이 되는 대로 선교헌금을 합시다."하고 말씀하실 때 마음이 아팠습니다. 저도 개척을 해놓고 돈 때문에 어려움이 많은데, '주님, 저는 얼마나 드릴까요?' 하고 물었더니 '일백만원을 해라.' 하셨습니다. 일백만원이라는 돈은 지금까지 내 손으로 만져보지도 못한 거금이었습니다. 물론 바칠 돈도 없었지만 정신을 차리고,

'주님께서 주시면 드리겠습니다.'

하고 작정예물을 1백만원이라고 써서 빈 봉투를 강대상에 갖다놓고 자리에 앉아 있는데, 성령의 불이 임하더니 속옷이 다 젖을 정도였습니다. 누워 있는데도 제 몸이 성령의 바람에 흔들흔들 흔들리고 있었습니다.

얼마 후 주님이 주셔서 작정예물을 드리게 되었습니다. 그때부터 선한 일을 할 때마다 성령의 불이 강하게 임하는 것을 봅니다. 해마다 선배목사님과 사모님과 함께 강원도 대포항에 가서 싱싱한 생선회를 마음껏 먹고 돌아와서 열심히 목회를 했습니다. 이번에도 가기로 약속하고 봉고차를 타고 가는데 주님께서,

"너는 노숙자들은 대접하면서 너를 인도하던 선배들은 왜 대접을 하지 않느냐?"
하셨습니다.

"아, 맞습니다. 제가 왜 진작에 못 깨달았을까요? 이번에는 생선회를 제가 대접해야겠습니다."

선포하고, 대포항에 가서 싱싱한 고기를 싸게 사서 준비하는 동안에 구경을 하고 서 있는데, 주님께서 "할머니들에게 전도해라." 하시기에 옆에서 장사하시는 할머니에게 복음을 전했습니다. 그랬더니 자기 자랑을 늘어놓는 것이었습니다.

"나는 예수님을 믿지 않지만 내 자식 다섯 명은 어릴 때부터 장사하러 나올 때 교회에 업어다 놓고 하루종일 장사하고 데리고 갑니다. 나는 자식들 먹여 살리기 위해 교회에 못 나가지만 내 자식들은 예수님 잘 믿어서 축복받고 잘 살고 있습니다. 나도 때가 되면 교회에 나가려고 합니다."

전도하러 갔다가 오히려 내가 더 큰 은혜를 받았습니다. 할머니께서 팔다 남은 삼치를 큰 아이스박스에 주워 담더니 얼음을 채우고 테이프를 붙이고 난 다음 저를 불렀습니다.

"목사님, 이리 오세요. 이거 가져가세요."

"할머니, 돈이 없어서 못 사겠는데요."

"목사님, 돈을 받는 것이 아니고요, 거저 드리는 것입니다. 전에도 목사님들께 많이 드렸습니다. 주소를 적어놓으면 감동이 오면 보내드리겠습니다."

내가 망설이고 서 있자 할머니는 볼펜을 손에다 쥐어주면서 주소를 적어달라고 해서 적어주었습니다. 선배님들께서 깜짝 놀라시면서 역시 전도 많이 하더니 주님께서 선물을 주신다고 기뻐했습니다. 이번에는 천국의 잔치가 되었습니다.

집에 돌아와서 얼마 후에 아버님이 다니러 오셨을 때 연어를 큰 상자에 보내주셔서 아버님께 효도하게 하셨습니다. 다음에는 어머님이 다니러 오셨을 때 어머님이 좋아하시는 영덕게를 큰 상자에 보내주셔서 효도하게 하셨습니다. 나중에는 흑돔을 한 상자 보내주셨습니다. 이 땅에 살면서 선을 행하면 선으로 갚아주시는 하나님이시라는 것을 보게 하셨습니다.

또 전도하는 목사님들에게 생선회를 대접하려고 대포항에 갔습니다. 바닷가에 가게 되면 궁금한 것이 하나 있는데 그것은 철썩거리며 바위에 부딪쳐서 하얀 거품을 일으키는 파도가 잠잠해지는 것을 보는 것이 제 마음의 바람이었습니다. 수십 년 동안 동해바다에 가서 보았지만 한 번도 바다가 잠잠한 것을 본 적이 없었습니다.

회를 시켜놓고 바다가 철썩거리는 파도를 보려고 하는데 파도가 보이지 않았습니다. 비몽사몽 간에 눈을 닦고 창문 가까이 가서 바위에 있는 바닷물을 자세히 보았더니 바다가 조금도 움직이지 않는 것이었습니다. 옆에 있는 변○○ 목사님에게 바다가 잠잠한 것이 보이느냐고 했더니 보인다고 했습니다.

이 날은 바다가 잔잔한 호수와 같았습니다. 주의 종을 대접하고 나니까 내 마음의 소원을 이루어 주셨습니다. 그 후로는 여전히 파도는 철썩거리면서 흰 거품을 내뿜고 있었습니다.

"하나님께 가까이 함이 내게 복이라 내가 주 여호와를 나의 피난처로 삼아 주의 모든 행적을 전파하리이다"(시 73:28).

78. 앞으로 재앙이 올 것이다

밤 중에 칠보산 꼭대기에서 기도하던 중 사방에 안개가 덮이기 시작했습니다. 수원 시내의 아름다운 불빛이 점점 가리워져 갔습니다. 시간이 지나갈수록 안개가 점점 짙어져서 불빛이 희미해졌습니다. 안개는 산꼭대기를 향해 계속 올라왔습니다.

나는 이것이 보통일이 아님을 직감하고 안개가 산꼭대기까지 올라오지 못하도록 하나님께 부르짖었습니다. 안개는 내가 기도하는 자리 밑까지 차오르더니 더 이상 올라오지 않았습니다.

칠보산 아래쪽 사방이 캄캄한 암흑으로 덮였습니다. 하늘에는 별빛이 아름답게 반짝이고 있었습니다. 이상한 기운이 감도는 가운데 하늘에서 큰 음성이 들려왔습니다.

"앞으로 지구상에 재앙이 올 것이다. 그러나 나를 바라보는 자는 살 것이다."

기도를 마치고 산에서 내려와서 차를 몰고 집으로 가는 길에 30cm의 앞도 보이지 않았습니다. 엉금엉금 기어가다시피 라이트 불빛을 비추어 가면서 20분이면 도착할 시간인데 몇 시간 만에 도착하였습니다.

한 달이 지난 후 돈에 대한 재앙이 온 지구상에 내렸습니다. 사람들은 돈 때문에 죽는다고 아우성이었고, 돈 때문에 수많은 사람이 자살을 하였습니다. 세계적인 부호, 미국의 버핏이라는 사람은 '이번의 금융사건은 100년 만에 한 번 있을까말까 한 재앙'이라고 했습니다.

다음날 산에서 기도하고 내려오는데 내가 몰고 가는 차에 전깃줄 같은 빛이 비춰졌습니다. 1km 이상 차의 불빛이 보이면 빛이 직선으로 비춰오고, 가로등에서 빛이 비춰오고 신호등 불빛도 비춰오고 수많은 색깔의 불빛이 내 차로 몰려왔습니다. 마치 천국이 나타나는 것같이 신비스러웠습니다.

이튿날 우리 교회의 이 권사님과 기도하고 내려오는데 똑같은 현상이 나타났습니다. 1년이 지난 후 산에서 기도하는데 또 안개가 수원 전역을 덮어서 캄캄했습니다. 그때 또 하늘에서 음성이 들려왔습니다.

"앞으로 재앙이 올 것이다. 나를 바라보는 자는 살 것이다."

말씀하신 후 한 달이 지나서 천안함이 북한의 어뢰에 맞아 침몰했습니다. 젊은 군인 46명이 전사했습니다. 그러나 북한은 발뺌을 했습니다. 그리고 중국과 러시아가 북한의 편을 들어주었습니다.

그러나 하나님은 용서하지 않으셨습니다. 중국의 쓰촨성 대지진으로 수십만 명이 죽고 건물이 파괴되었습니다. 그리고 여러 곳에서도 지진으로 많은 사람이 죽었습니다. 홍수가 나고 태풍이 불어 수많은 사람이 죽고 재산 피해가 났습니다. 러시아는 몇 개월째 전국토가 불에 탔습니다. 북한은 신의주가 물에 잠겼습니다. 그러나 일본은 우리의 편을 들었기 때문에 재앙이 내리지 않았습니다.

그다음에는 구제역이 와서 전국에 소와 돼지가 360만 마리가 살처분되었습니다. 닭과 오리 등 새의 종류도 수백만 마리가 살처분되었습니다. 주님께서 말씀하셨습니다.

"이 백성들이 내가 준 복음을 받아 누리며 먹고 마시고 음란하고 방

탕하여 나를 잊어버리고 우상을 섬긴 죄로 너희를 재앙으로 죽일 수 있지만 기도하는 종들과 세계복음화를 위해서 살려둔다. 때가 되면 그날이 오게 될 것이다."

온 지구에 얼마나 많은 재앙이 휩쓸고 갔는지 모릅니다. 일본은 후쿠시마에 쓰나미와 지진이 일어나서 수만 명이 죽고 건물이 파괴되었고, 원자력 발전소가 터져서 전 세계가 방사능이 오염되어 죽음의 그림자가 드리워지고 있습니다. 원자로 하나에 전 세계가 공포에 떨고 있는데 수백 개의 원자로가 세계 각국에 세워져 있지 않습니까. 하나님의 심판의 날에 다 터지면 지구는 순식간에 잿더미로 변하게 될 것입니다.

"여호와가 말하노라 이 온 땅에서 삼분의 이는 멸망하고 삼분의 일은 거기 남으리니 내가 그 삼분의 일을 불 가운데에 던져 은같이 연단하며 금같이 시험할 것이라 그들이 내 이름을 부르리니 내가 들을 것이며 나는 말하기를 이는 내 백성이라 할 것이요 그들은 말하기를 여호와는 내 하나님이시라 하리라"(슥 13:8-9).

"너의 하나님 여호와가 너의 가운데에 계시니 그는 구원을 베푸실 전능자이시라 그가 너로 말미암아 기쁨을 이기지 못하시며 너를 잠잠히 사랑하시며 너로 말미암아 즐거이 부르며 기뻐하시리라 하리라"(습 3:17-20).

"내가 대회로 인하여 근심하는 자를 모으리니 그들은 네게 속한 자라. 너의 치욕이 그들에게 무거운 짐이 되었느니라."

"그때에 내가 너를 괴롭게 하는 자를 다 벌하고 저는 자를 구원하며 쫓겨난 자를 모으며 온 세상에서 수욕받는 자로 칭찬과 명성을 얻게 하리라."

"내가 그때에 너희를 이끌고 그때에 너희를 모을지라. 내가 너희 목전에서 너희 사로잡힘을 돌이킬 때에 너희로 천하만민 중에서 명성과 칭찬을 얻게 하리라. 나 여호와의 말이니라(아멘)."

할렐루야!

79. 성령님의 중보기도

시간마다 분초마다 생명을 지켜주시는 아버지 하나님께 감사드립니다.

세상은 악하고 한 치 앞을 내다볼 수 없습니다.
우리 믿음 약할 때 강한 믿음 주시고
우리가 절망에 빠졌을 때 강한 믿음 주시고
우리가 힘이 없을 때 새 힘을 주시고
내가 기도하지 않을 때 성령께서 탄식하며 기도하게 하시고
부족한 것을 채워주시고
부족하면 용도까지 채워주시고
모자라는 부분까지 채워주소서.
진리 안에 기뻐하고 소망 중에 즐거워하고 환난 중에 참으며 기도에 더욱 힘쓰게 하소서.
내 손에서 빼앗을 자가 없다고 말씀하신 주님
주님 손에 붙잡힌 바 되어 앞만 향하는 신앙의 자세 위에
크신 은총 베푸시며 놀라우신 능력의 손길로 붙잡아 주소서.
주의 진리의 성령이 머릿속·살속·뱃속·핏속 깊이 임하셔서
마음속에 예수님의 사랑, 머릿속에 진리의 말씀

황금 같은 기름진 손, 아름다운 발, 예수님 향기가 나타나는 발걸음이 되게 하소서.

가는 곳곳마다 예수님을 자랑하며 예수님을 증거하며

눈으로 보고 손으로 만진 예수님을 내가 직접 남에게 증거하는 복된 자가 되게 하소서.

지금까지 전도의 사명을 감당하지 못했지만 이제는 '전하지 않으면 내게 화가 있도다' 말씀하신 주님

온전히 나가서 복음의 꽃을 피울 수 있는 믿음의 종이 되게 하소서.

머리부터 끝까지 주님의 지키심과 사랑하심과 인자하심과 도우심과 충만한 역사가 날마다 임하게 하여 주소서.

은혜와 사랑과 능력이 충만하신 하나님께 감사드립니다.

찬송 속에 주의 신이, 기도 속에 응답이, 말씀 속에 하나님을 만나게 해주시고,

능력의 줄로, 권능의 줄로, 치료의 손길로, 강하게 붙잡아 주시고

아버지의 사랑 가운데, 진리 가운데 승리하게 하시고

많은 사람들에게 예수님을 자랑하거든, 영혼이 잘됨같이 범사에 잘되고 형통하게 육체의 강건함을 주시고

진리 편에서 기뻐할 때, 하늘의 소망을 날마다 내려주시고

가정에 평탄한 길을 주시고 형통의 문을 열어주소서.

그 크신 하나님께 감사드립니다.

너는 나의 증인이 되라

지은이 : 김두경
초판일 : 2012년 4월 13일

펴낸이 : 최송구
펴낸곳 : 도서출판 나됨
http://www.nadoem.co.kr
주소 : 서울시 은평구 역촌동 68-33 3층
전화 : 02) 373-5650, 010-2771-5650
팩스 : 1515-2771-5650
등록번호 : 제8-237호
등록일자 : 1998. 2. 25
편집제작 책임 : 김이리

값 : 10,000원

저자와의 협약하에 인지를 생략합니다.
ISBN 89-94472-11-8 03230